Organización de Cursos Profesionales

Rafael Morales

Primera edición por Ediciones Rainer, 2015.

Madrid - España

Ficha bibliográfica

Morales, Rafael

Organización de cursos profesionales. Siete puntos clave para organizar acciones de formación más eficaces.

Colección professional-trainers.com

1a Edición - Octubre de 2015

ISBN: 978-84-942498-0-8 (eBook)

ISBN: 978-84-942498-1-5 (Papel)

Dedicatoria

A lo largo de estos años me he cruzado con decenas de coordinadores de formación, personas que podían hacer las cosas de una manera y que han preferido hacerlas de otra, ayudando a sus profesores, atendiendo a sus clientes y procurando que los cursos en los que estaban implicados salieran lo mejor posible.

A Javier Gómez, con quien di algunos de mis primeros pasos en la profesión y me mostró lo exigente que era gestionar una academia. En la sencillez de sus consejos había mucha sabiduría.

Sobre el autor

Rafael Morales (Madrid, 1971) es formador y consultor en las áreas de gestión de proyectos y calidad, sistemas de información y gestión de inmuebles, actividad que compagina con la de escritor y conferenciante en las mismas áreas.

Está certificado, o tiene formación, en varios marcos de gestión y auditoría, como PMBoK o CMMI. Es miembro del Project Management Institute y de la Asociación Española de Calidad, entre otras asociaciones profesionales. En la actualidad, cursa estudios de Derecho y continua su formación como auditor.

En su tiempo libre, es un apasionado de la lectura y el arte y practica algunas actividades como buceo deportivo, tiro con arco o senderismo.

Puedes ponerte en contacto con el autor a través de su perfil en LinkedIn o de su correo electrónico, en las siguientes direcciones:

* LinkedIn: http://bit.ly/20Qh0oZ

* Web: http://www.rafael-morales.com/

* Email: contacto@rafael-morales.com

Indice de contenidos

Introducción

La M40 de Madrid, una carretera de circunvalación que rodea toda la ciudad, está salpicada de polígonos industriales, centros comerciales y algún que otro pueblo pegado a la capital. Junto al recinto ferial, al lado de la carretera que lleva al aeropuerto de Barajas, hay una enorme zona de edificios corporativos que sirven de sede a empresas como Xerox, EMC2 o la aseguradora Santa Lucía. Una zona en la que es imposible aparcar y en la que no te explicas cómo no se proyectaron los edificios con un aparcamiento más amplio, pensando en los miles de personas que tenían que ir todos los días a trabajar. Lo sé porque he tenido que ir en unas cuantas ocasiones a dar clase.

En una de esas ocasiones me contrataron para que impartiese un curso de programación en SQL a una gran empresa tecnológica. Me perdonarán si no digo de quién se trata, por aquello de hacer las cosas con un poco de elegancia. Pero digamos que es "una gran empresa", de esas que invierten decenas de millones en una sede corporativa de varias plantas, con un diseño vanguardista que habrá costado un ojo de la cara en algún despacho de arquitectura a la última. Un edificio en el que la entrada da la impresión de ser más grande que un campo de baloncesto y que, desde que subes a la acera, tardas varios minutos en llegar al portal. Casi podrían poner un servicio de autobuses para llevarte de un lado a otro.

Bien, pues allí llegué yo una tarde de primavera hace algunos años, con algo de calorcillo, mi manual bajo el brazo y una hoja de encargo con los datos de la persona de contacto, la hora de inicio y una breve descripción del contenido del curso. Llego a recepción y, como diría un dúo humorístico de los 90, "mucho lujo" por todas partes. El mostrador debía tener todo el mármol que había sobrado de construir la última ampliación del Vaticano. Las señoritas, impecablemente vestidas de uniforme.

Inmediatamente me atienden y a los pocos minutos llega una persona que se identifica como el responsable de recursos humanos y me saluda sonriente, indicando que esperaba mi llegada con impaciencia. "Este curso", me dice, "es muy importante para nosotros; es un elemento clave en el desarrollo de nuestro equipo de trabajo". Bien, vale... Vamos a ver. Yo tengo un temario claro que hay que impartir, varios años de experiencia y un repertorio de herramientas en forma de presentaciones, ejercicios y notas de trabajo.

Llegamos a la sala reservada para el curso y compruebo que se trata de una sala de reuniones y no de un aula. Malo. Cuando empezamos así, malo. Una de dos, o el curso se ha convocado de forma precipitada y no tenían otro sitio donde darlo o, simplemente, se han querido ahorrar el alquiler de aula utilizando una sala propia. En cualquiera de los dos casos ya sé que no tendré una pizarra blanca de tamaño adecuado y que lo más probable es que me pongan uno de esos horribles cuadernos de presentación en un soporte inclinado.

Los alumnos no han llegado y doy un repaso minucioso a la sala: persianas bajadas, moqueta verde oscuro, mesa ovalada que debe costar más que mi coche... Un momento. Aquí falla algo.

- Perdona - le digo al de recursos humanos - ¿Dónde están los ordenadores?

- ¿Cómo?

- Si, los ordenadores. Hay que impartir un curso de SQL. ¿No?

- Si, de SQL, pero no tenemos ordenadores. Se da por apuntes.

- ¿Por apuntes?

- Claro.

Ese "claro" es de esos que te dejan descuadrado. Tiene una convicción, una contundencia, que no admite réplica. O esta persona es muy inocente o tiene un rostro de hormigón.

- Perdona, pero ¿sabes qué es esto de SQL?

- Es algo de bases de datos. ¿No?

- Si, mira. Es un lenguaje de programación. Bueno, de programación no, más bien de manipulación de bases de datos. Sirve para crear las tablas, insertar registros, borrar y actualizar información... Ese tipo de cosas.

- Ya.

- Si, y verás, no se puede utilizar SQL si no tienes un sistema de bases de datos. Lo que sea, un Oracle, un SQL Server, un MySQL. Lo que sea, pero hace falta algo que interprete lo que le dices y muestre un resultado.

- Ya.

- Y claro, yo si explico algo necesito hacer alguna práctica para que la gente compruebe cómo usar lo que se va viendo en el curso.

- Ya.

- Y ese es el problema.

- ¿Cuál?

- Que sin ordenadores no hay prácticas.

- Ah.

- Si, eso. - No salimos de los monosílabos.

- Pero nosotros pensábamos que lo traías tu.

- ¿Cómo? - Nunca veo venir esta parte. Bueno, ahora sí.

- Si, es que normalmente los formadores se traen un portátil con su presentación PowerPoint y explican las cosas con el proyector.

- ¿En qué cursos?

- Bueno, aquí damos mucho de habilidades directivas, presentaciones eficaces y dirección de proyectos.

- Ah, claro, pero es que eso son cursos de habilidades. Un curso de SQL es algo un poco más técnico y es necesario demostrar y aplicar las técnicas que se van explicando. Al fin y al cabo, SQL es para gestionar bases de datos.

- Ya.

- Vamos, que sin ordenadores no se puede dar.

- Es que esto no nos lo han dicho. - ¿De verdad me acaba de decir eso? ¿De verdad es necesario explicar que para dar un curso de bases de datos hace falta una base de datos?

- Pues me temo que así no se puede dar el curso.

- No, no, eso no podemos hacerlo. Hay que dar el curso.

- ¿Y qué pretendes que haga?

- No sé, pues das las explicaciones y que vayan tomando nota.

- ¿Cuatro días de tomar notas? ¿Sin ninguna práctica?

- Es que a nosotros no nos han dicho nada de esto. - Se masca la tragedia.

A los pocos minutos el responsable llamó al centro que había organizado el curso, el centro me llamó a mí y me soltaron una de las frases más irritantes que puede escuchar un técnico:

- Bueno, pero tú que sabes de esto, algo se podrá hacer.

Haga lo que haga, estoy perdido. Si sigo adelante con el curso, los asistentes dirán en la evaluación final (con toda la razón del mundo) que el curso no ha tenido mucha aplicación práctica y que no ha sido todo lo útil que podía ser. Y la culpa será mía. Si no sigo adelante, los del centro me dirán que tenía que haber ayudado un poco más y que eso de cruzarse de brazos no es una buena actitud. Y la culpa será mía.

Y esto no me ha pasado una sola vez. A lo largo de estos 20 años han sido unas cuantas en las que he acudido a una convocatoria en la que el centro organizador no se había preocupado de proporcionar todos los recursos necesarios para poder realizar el curso o, como se suele llamar en el sector, la "acción formativa". Es mucho más habitual de lo que se pueden pensar y la razón más normal es que ha eliminado todas esas cosas para poder abaratar la oferta:

- No damos el curso en el aula, sino en una sala de reuniones, para quitar el coste del alquiler.

- No ponemos ordenadores, ya que el cliente tiene por ahí unos portátiles, para quitar el coste del alquiler.

- No ponemos proyector, porque hay un block de notas gigante, para quitar el coste del alquiler.

- No incluimos un manual y esperamos que el formador nos mande un PDF por correo electrónico, para quitar el coste de los libros.

Y así con un largo etcétera de detalles que se van quitando, que permiten abaratar un poco más por aquí y por allí el presupuesto, hasta "ser competitivo". Al final, la responsabilidad de sacar el curso adelante recae casi en exclusiva en el formador, al que sólo se contrata para dar clase, pero que debe aportar manuales gratis, software pirata, presentaciones en PPT y otros recursos que no se pagan.

En este momento, querido lector, si te dedicas a dar formación es posible que tengas una pequeña sonrisa en la boca porque reconozcas alguno de los hábitos que estoy retratando. Si eres coordinador de formación o recursos humanos, es posible que estés incómodo porque, igualmente, reconozcas alguna práctica habitual en el sector.

Quiero aprovechar este momento, antes de que decidas dejar el libro aparte, para decirte que estas páginas no está elaboradas para recriminar a nadie lo que hace, sino para recordarte una premisa básica de los negocios: la calidad siempre vende.

Aunque pueda parecer que esos recortes ayudan a mantener la empresa a flote, porque así se pueden sacar adelante más encargos, lo cierto es que sólo te perjudican. Si no cobras un manual y trasladas al formador la exigencia de aportar cualquier PDF que encuentre en Internet, es posible que algún cliente esté contento porque se ahorra 20 o 30 € por alumno, pero no te extrañes si ese mismo cliente pone una nota baja en la evaluación final del curso, cuando llegue al apartado de "material didáctico". Y la satisfacción es lo que hace volver a la gente. Piensa, además, que la calidad que puede tener un documento en PDF que has exigido a cambio de nada no puede ser muy alta. Tenemos lo que estamos dispuestos a pagar. Si quieres un buen manual, que repercuta de forma positiva en la percepción que tiene el cliente de tus servicios, debes estar dispuesto a pagar por ello y, lo más importante, ejercer una cierta pedagogía profesional y saber convencerle de que es mejor para él pagar por ese manual, que tener otro gratuito descargado de cualquier sitio. Si no pagamos a los autores, si no recompensamos a los formadores por buscar un material de calidad, terminará llegando un momento en que lo único disponible serán esos ficheros en PDF.

Como me dijo hace muchos años el director de distribución de Computer 2000 en Alemania: "no haces una venta cuando consigues vender algo; la haces cuando el cliente vuelve por segunda vez a comprar otra cosa. La primera vez, fue suerte".

La formación puede ser una de las áreas profesionales más satisfactorias a las que te puedas dedicar. De verdad. Llevo veinte años en ello y te aseguro que me lo he pasado genial. No sólo me he ganado la vida, he criado a mis hijos y puede que me haya pagado un par de viajes con ello, sino que además he conocido a muchísima gente en los cursos y seminarios que voy impartiendo. Algunos hacen preguntas absurdas y destinadas a desafiar al formador, pero otros hacen observaciones agudas y bien razonadas, que casi te ayudan más a progresar de lo que tu respuesta puede ayudar al alumno. Algunos son ariscos y están obligados a acudir al curso por un compromiso de empresa, pero otros vienen porque tienen un sincero deseo de aprender y progresar. En todo grupo hay siempre alguien que termina mostrándote su agradecimiento si le tratas con normalidad y le ayudas a resolver sus inquietudes, personas que se quedan un rato después de la clase para pedirte que le repitas la referencia de un libro de apoyo que has mencionado.

El coordinador de formación es la persona que llama para darme traslado del encargo, para decirme las necesidades del grupo y los requisitos del curso. Sé que normalmente tiene mucho trabajo en forma de burocracia, contratación de recursos y otros detalles importantes para el éxito de los cursos. Un buen coordinador es esencial para que la formación para adultos tenga éxito.

Pero también he conocido centros en los que se regatea en cosas absurdas, que te crean una tensión exagerada, evadiendo cualquier responsabilidad y trasladando al formador la carga de resolver todas las incidencias. Si lo hace, no se le recompensa de ninguna forma. Si no lo hace o comete un error, se le carga todo el peso de la culpa frente al cliente final y se le proscribe de la lista de colaboradores. Lógico, de esa forma el centro queda bien ante el cliente y tiene una segunda oportunidad para cumplir el contrato y cobrar. Y como no suelen pagar nada al primero, no sufren ninguna penalización por este comportamiento.

Este libro está dirigido a responsables de recursos humanos que tengan la responsabilidad de organizar cursos de formación para profesionales. También puede ser una lectura adecuada para coordinadores en centros de estudio, academias y empresas de formación. Incluso algún formador que quiera asumir la responsabilidad de organizar un curso puede encontrar consejos útiles en estas páginas.

Sea cual sea tu caso, piensa en este pequeño libro como en un diálogo tranquilo con un formador que quiere compartir contigo lo que ha visto para señalarte algunos problemas habituales. Pequeñas y grandes "piedras en el camino" que es fácil esquivar y que pueden ayudar a mejorar las posibilidades de éxito en ese curso que tienes que llevar adelante. Sé que algunos de esos problemas ya los has visto. Ya sabes que es conveniente poner una pizarra blanca para anotar cosas, pero quizás no te has parado nunca a calcular lo mucho que puede influir en la valoración final tener una pizarra del tamaño adecuado, en la que se pueda anotar con comodidad, para que los asistentes tengan una visión completa de la explicación. Sólo si piensas en la pizarra como un recurso de formación importante y no como un requisito en una lista de tareas, comprenderás por qué nos irritan tanto esos atriles con blocks de hojas.

No estoy diciendo que tenga razón en todo ni que esto sea un método que debas llevar al pie de la letra. Más bien se trata de una serie de "patrones" de trabajo, que pueden ayudarte a incrementar el porcentaje de éxito de tus cursos.

Un patrón de desarrollo es un término utilizado en la industria del software que se refiere a una situación que ocurre de forma habitual, que plantea un desafío, para la que se propone una estrategia de resolución. Un patrón es, por tanto, un modelo de trabajo. Al ser un modelo implica un cierto grado de simplificación; no importan los detalles finos, sino el cuadro general. Por ejemplo, todos los cursos necesitan un soporte pedagógico o, dicho de una forma más simple, algún tipo de manual. La situación es: "necesito un manual para el curso". El riesgo es: "si metes cualquier cosa que encuentres en Internet o en el catálogo de la editorial, te arriesgas a que los asistentes lo den de lado el primer día y no contribuya a mejorar el desarrollo del curso". La solución es: "cuando elijas un manual, intenta que cumpla los siguientes requisitos: tal, cual, pascual..."

Por tanto, hablaremos aquí de "patrones de formación", refiriéndonos a aquellas situaciones comunes que pueden suponer un desafío para el organizador del curso, para las que podemos proponer unas directrices que mejoran las posibilidades de resolverlas con éxito.

Los patrones constituyen una experiencia acumulada, el resultado de la experiencia centrado en situaciones que se repiten una y otra vez. Esa es la esencia de un proceso, de forma que lo que vamos a ver es no es una colección de las quejas de un formador, sino de una recopilación de "buenas prácticas", basadas en mi propia experiencia. No te cuento nada que no haya puesto en práctica decenas o cientos de veces en las últimas dos décadas.

En mi selección de procesos para este libro, me he centrado en aquellos que pueden aportar más valor al curso. No todas las experiencias serán tan espectaculares como el que me encontré aquella tarde al tratar de empezar aquel curso de SQL, pero creo con sinceridad que todo lo que voy a señalarte puede ayudar a mejorar el resultado de tu trabajo.

Muchos de los ejemplos que voy a ponerte están relacionados con las áreas de tecnologías de la información, como programación o administración de sistemas, y dirección de proyectos. Es lógico, ya que son las dos áreas a las que me dedico y, por tanto, mi experiencia se acumula en las mismas. Pero he repasado las ideas a menudo y considero que los conceptos que indico se pueden aplicar de igual forma en cualquier otro área. Yo soy miembro del PMI, una organización mundial de directores de proyecto, y una de las primeras ideas que se aprenden es que las buenas prácticas son independientes del área de negocio en la que se aplican. Eso quiere decir que "preparar un guión de la apertura del curso", para que todos los formadores lo hagan de la misma forma y cubran los mismos puntos, es una buena práctica que mejora tus posibilidades de éxito, con independencia de que el curso sea de programación en Java o de mantenimiento de sistemas de frío industrial.

Hay coordinadores que están encantados de escucharte y que fomentan un ambiente de trabajo en el que se pueden comentar las cosas. Otros, como en todos los ámbitos de la vida, digamos que no les sale de dentro. Mi sugerencia en general es que escuches al formador y que le consideres un aliado y no un coste. A los formadores no nos interesa que los cursos salgan mal. No nos prestigia y no cobramos si el curso se cancela o tiene una valoración tan negativa que hay que repetirlo. Nosotros estamos todos los días frente a los alumnos; escuchamos sus quejas, sus inquietudes, sus preguntas y sus necesidades. Y también somos conscientes de las dificultades que tiene responder a esas quejas e inquietudes. No siempre se les puede dar una solución fácil. Si te decimos que no se puede o que es difícil, no suele ser para fastidiar, sino porque no estás pidiendo algo que entraña una cierta dificultad.

Por supuesto, no siempre el problema está en el lado de la coordinación. No todo se reduce a que el centro ha vendido un curso cuyos requisitos no entiende o que ha prometido un manual que no puede conseguir. A veces también fallan los formadores. Por eso he dedicado un capítulo al proceso de selección. Como coordinador, puede servirte para saber qué buscar. Como formador, puede servirte para saber qué habilidades desarrollar. Y así con el resto de los "patrones de formación" que he seleccionado.

Por último, yo me dedico a esto de forma continua; si tienes cualquier consulta que no se responde en el libro, una sugerencia para la siguiente edición o quieres comentar un tema que no se ha tratado aquí, escríbeme por favor a mi correo electrónico e intentaré ayudarte a la mayor brevedad. La dirección es contacto@rafael-morales.com.

Suelo tener mucho intercambio de correspondencia y no siempre respondo de un día para otro, pero también es cierto que lo hago de forma personal, no alguien en la editorial encargado de mantener el canal de redes sociales, y que atiendo todos los mensajes. Si puedes esperar un par de días a la respuesta, estaré encantado de atenderte.

Y ahora sí, vamos a empezar con nuestro trabajo...

Capítulo 1

Gestión por procesos

En este libro no vamos a ver todos los pasos para gestionar cursos. El primer título fue precisamente "Gestión de cursos profesionales", pero eso habría implicado incluir referencias a la financiación, gestión de cobros, matrículas, homologaciones y un montón de detalles que, siendo importantes, no son el objeto de este trabajo. Aquí partimos de la premisa de que ya tienes el entorno en el que se va a desarrollar tu curso. Puede ser un curso de calendario en una academia o una convocatoria interna de empresa. Lo que vamos a ver aquí es más bien la "ejecución" del curso, no la gestión administrativa. Eso es importante, pero seguramente le dedicaremos otro libro en el futuro, de igual forma que no vamos a ver técnicas para impartirlo desde el punto de vista del formador, a lo que es muy probable que también dedique otro espacio en un título futuro.

Aquí vamos a centrarnos en siete puntos que pueden ayudarte mucho a mejorar las posibilidades de éxito. Esos puntos son:

- La definición del temario.

- La elección del formador.

- La elección del material didáctico.

- La preparación del aula.

- Medios informáticos.

- El arranque del curso.

- La evaluación y cierre.

Verás que hay muchos temas relacionados con la preparación. Hace tiempo escuché una idea que me pareció muy acertada: el éxito de cualquier reunión reside en la preparación. Un curso, ya dure 1, 2 o 20 días, consiste en una serie de reuniones que hay que preparar. Todo lo que no tengas previsto cuando entres por la puerta se puede volver en tu contra y conviene aprender de la experiencia para ir lo mejor preparado posible.

A todo lo anterior hay que añadir una premisa básica: para mejorar y obtener unos resultados positivos, consistentes y predecibles es imprescindible introducir en la empresa una cultura de procesos.

- ¡Oh, no, Rafa! ¡Por favor, no! ¿Otro libro de procesos?

- Si, hijo, sí.

- Por favor, no... más procesos no. Estoy harto de leer y escuchar cosas sobre los procesos. Pero si yo sólo quería un librito con trucos para mejorar las clases y ver si tengo algún problema menos y esas cosas. ¡Me has engañado! Esto es un libro de procesos. Ahora me vas a decir que tengo que documentar todo lo que hago y hacer un manual infumable con todos los procedimientos antes de poder empezar a dar clase. Y mira, no, yo tengo mucho que hacer.

- Escucha, joven *pádawan*, a ver cómo te lo explico. El miedo lleva a la ira, la ira lleva al odio, el odio lleva al sufrimiento. Mucho miedo percibo en ti. Tienes miedo a eso de los procesos porque en algún sitio has visto que se trata de algo pesado, burocrático e improductivo. Lo sé. He dado clase en todos los sitios que te puedas imaginar: academias, universidades, empresas, ministerios... Hasta en el ejército. Y te aseguro que no vas a poder mejorar en nada si no aceptas que las cosas tienen que organizarse un poco. Lo importante no es que TÚ hagas las cosas bien o que TÚ te enteres de lo que pasa. Si quieres tener la capacidad de predecir mínimamente lo que va a pasar, de reducir el número de sorpresas e imprevistos que te ocurren en un curso, es necesario que aprendas a hacer las cosas por procesos, para que sea quien sea el que haga las cosas éstas salgan bien y todo el que participe se entere de lo que ocurre.

- No, si eso suena bien. Lo que pasa es que mira, ¿ves esa pila? Son presupuestos que todavía no he terminado, y tengo que mandar la evaluación de los tres últimos cursos y buscar formador para el siguiente. Que no, que estoy muy liado para ponerme a escribir manuales.

- Tengo una buena noticia para ti.

- ¿Cuál?

- No es tan complicado como piensas y no tienes que dejar de atender todas esas tareas que tienes pendientes.

- ¿Seguro?

- Que sí, ya verás.

- Al final termino escribiendo el manual de las narices.

- Voy a decirte la verdad: si, en un futuro más o menos lejano es muy posible que termines escribiendo un manual. Pero no va a ser ahora ni al terminar este libro. Te propongo algo: déjame que te cuente algunas cosas en las próximas páginas y verás como al final no es tan pesado como creías.

- No sé yo.

- Mira, la cultura de procesos es imprescindible en una empresa que quiera crecer.

- Es que lo que hacemos aquí es muy especial, esto no se ajusta a esas ideas de procesos, no hay dos cursos iguales y cada formador le gusta hacer las cosas a su manera.

- Lo sé. Yo soy formador y además uno de los más cabezotas y reacios a cambiar su forma de hacer las cosas, pero te aseguro que soy el primero en aceptar una serie de premisas. Mira, para empezar, no puede ser que el éxito de tus cursos dependa de qué formador te da las clases. Deberías llegar a un punto en el que fuese tu empresa, por su manera de hacer las cosas, la que garantizase que todo va a salir bien, y no un formador determinado porque sabe mucho de lo que habla o porque tiene mucha experiencia dando clase.

- Pero es que esas cosas son importantes.

- Lo son, pero como un apoyo al trabajo por procesos. Seguro que ahora mismo tienes un área o una materia que sólo te la puede dar una persona en concreto porque no te fías de que otro te lo haga igual.

- Pues sí (aquí, querido lector, pon tu propia respuesta, pero me juego unas cañas y algo de picar donde quieras a que tienes un formador "estrella").

- Eso es un problema, porque no puedes crecer como empresa. Si mañana te llegan dos peticiones para dar el mismo temario, no puedes atenderlas, ya que dependes de que ese formador quede libre para poder programar el siguiente curso.

- Sí, eso es verdad. Pero puedo proponerle al cliente una fecha posterior o puedo convocar al grupo de alumnos para el mes que viene.

- Puedes, pero entonces estás acomodando el negocio a un recurso, en lugar de acomodar los recursos al negocio.

- Ya.

- Y lo que debería pasar es que en cualquier momento deberías tener dos o tres procesos que te permitiesen responder a la demanda que surja, en un periodo breve de tiempo y con unos resultados más o menos predecibles. Date cuenta de que cuando firmas un contrato de formación con el cliente o con los alumnos, sea cual sea tu modelo de negocio, estás adquiriendo un compromiso. Si no lo cumples, no sólo es que no cobres, es que la mala imagen que puede generar ese fallo puede cerrarte las puertas a otros clientes o a que el mismo repita.

- Eso también es verdad. Pero yo tengo una agenda de profesores de confianza.

- Lo cual está muy bien, pero esa agenda tiene que estar en renovación continua. Todos los meses aparecen novedades en el mercado: nuevos productos, nuevas técnicas, nuevos métodos de gestión. En definitiva, la formación continua también te afecta a ti, porque el formador que ayer te servía para dar cursos de programación en Java, mañana puede que no te sirva para darlos de Haskell. Además, debes reconocer que encontrar un buen formador es una tarea compleja.

- Ya te digo.

- Por eso deberías tener un proceso de selección fiable. Para que sea quien sea en tu empresa el que lo aplique, el resultado sea que has hecho todo lo posible para elegir la persona más adecuada a tus necesidades.

- Eso sería lo ideal.

- Pues lo mismo pasa con la elaboración del temario, con la elección del material didáctico o con la apertura del curso. Se trata de una serie de puntos críticos que, si se realizan siguiendo unas directrices, pueden reducir mucho las incidencias y mejorar la calidad que perciben los clientes.

- Ya.

- Además, como te decía, la buena noticia es que es más fácil de lo que piensas. En esto de la implantación de los sistemas de gestión de procesos hay dos escuelas: la de los que piensan que los cambios hay que hacerlos de golpe, para evitar que la gente remolonee y se aferre a las prácticas anteriores, y la de los que creen que los cambios deben ser paulatinos, para que sea posible evaluar los pasos iniciales y, si funcionan bien, seguir con el resto.

- ¿Y cual es mejor?

- Depende de muchos factores. A mí me gusta más la segunda. Creo que todos nos aferramos a las costumbres porque sabemos lo que va a ocurrir. Eso de "más vale malo conocido que bueno por conocer". Para vencer la resistencia es importante que los primeros pasos sean fáciles, que puedan verse recompensas inmediatas. De esa forma se coge confianza y se puede seguir adelante.

- Tiene sentido, pero ya te digo que estoy muy ocupado.

- Lo entiendo e insisto en lo que te dije: no te preocupes. De hecho ya has dado el primer paso.

- ¿Cuál?

- Has comprado este libro. Este libro te resuelve una parte importante de ese trabajo al que tienes tanta reticencia. He seleccionado siete procesos o patrones de trabajo muy habituales, que hay que desarrollar en cualquier curso, sea cual sea la temática, para que empieces por ellos.

- Así que la lista anterior...

- Es una lista de siete procesos básicos en los que voy a contarte mi experiencia para que puedas prevenir los problemas más habituales.

- Bueno, que yo ya tengo experiencia.

- Eso nos va a ayudar, porque yo no voy a decirte lo que tienes que hacer. Sólo voy a decirte lo que tienes que conseguir.

- ¿Qué quieres decir?

- Muy fácil. Yo no voy a decirte, por ejemplo, cómo tienes que saludar a los asistentes a un curso, cómo tienes que presentarte ni nada por el estilo. Sólo voy a decirte que si cuando abres el curso te presentas, confirmas que los asistentes conocen el temario que se va a dar y les preguntas para qué lo necesitan, tus posibilidades de que todo salga mejor son mucho mayores. No me importa cómo te presentas o cómo les preguntas lo que necesitan, es obvio que eso forma parte de la libertad de cada formador para dar sus clases y de su personalidad. Lo único que te digo es que hagas una lista de control y que te asegures de cubrir ciertos puntos. Si le das esa lista a todos los formadores y les enseñas a hacerlo, acabas de asegurarte de que TODOS tus cursos empiecen de la misma manera, con independencia de la personalidad y competencia de cada formador. Has reducido la incertidumbre y tienes más posibilidades de detectar cualquier problema en los primeros 20 o 30 minutos.

- Ya.

- Pues ESO es un proceso de apertura de curso y vamos a dedicarle un capítulo completo.

- Entiendo.

- Así que, por favor, como el libro no es muy largo y (si te das cuenta) se lee con bastante agilidad, te pido que me dejes contarte algunas cosas y que al terminar me digas si te ha servido para algo.

- Bueno, venga.

- Perfecto, pues vamos con el asunto...

EMPECEMOS.

Diferencia entre servicio y proyecto

No estoy seguro de que un libro de texto admitiese la separación que hago de funciones, pero voy a tratar de explicarme. La mayor confusión que podemos tener al empezar un curso es pensar que se trata de un servicio. En realidad no lo es, es un proyecto. Bueno, la MAYORÍA   de las veces es un proyecto. Esta diferencia, que parece trivial y contraria a la intuición que puedes tener, es muy importante, ya que condiciona la forma en que hay que enfrentarse a su ejecución. Te pido que aguantes un poquito esta explicación porque, aunque al principio te parezca un rollo, creo que en seguida verás que es apasionante y puede ayudarte mucho a comprender tu trabajo. A mi todo esto me encanta; no en vano la consultoría de dirección de proyectos es una de las áreas a la que dedico más tiempo en mi ejercicio profesional.

Empecemos por definir lo que es un servicio. Un servicio es un trabajo reactivo, que se ejecuta de acuerdo a un procedimiento preestablecido y que genera un resultado reproducible y predecible. Esta definición no coincide con la que podías tener en la cabeza pensando en la formación como actividad profesional. La diferencia es que hablar de formación como "servicio" obedece más bien a una división de las sectores productivos: agricultura, industria, energía, construcción y SERVICIOS. De acuerdo a esa clasificación, los servicios son aquellas actividades en las que no se producen bienes de consumo, en las que no se fabrican cosas, sino en las que los profesionales aplican sus conocimientos y habilidades para resolver necesidades de mayor o menor complejidad. Así que es distinto un "servicio" como sector económico, también llamado sector terciario, que un "servicio" como modelo de gestión.

Ya tenemos claro que estamos en el sector servicios, porque no producimos cosas. También tenemos claro que el modelo de gestión de servicios se puede aplicar en aquellos casos en los que hay que hacer una y otra vez lo mismo, de acuerdo a unos pasos predefinidos para entregar un resultado predecible. Una gestoría de impuestos es un ejemplo perfecto de servicio (en el sector de servicios). Cuando llega la época de presentar la declaración de la renta cualquiera puede dirigirse a un despacho de este tipo para que le elaboren la liquidación. El proceso no se inicia hasta que no entramos por la puerta y pedimos que nos hagan la declaración; por eso se dice que es "reactivo".

Una vez que alguien nos ha atendido, nos han dado presupuesto (que será un precio fijo) y hemos aceptado las condiciones, empieza un proceso muy bien organizado: entregar cierta documentación, rellenar unas casillas concretas, calcular unos coeficientes concretos y generar un documento predefinido por la administración. Todo está previamente definido. El contable no se inventa nada, no improvisa, no adapta la ley al caso de cada cliente. Se limita a aplicar el mismo proceso una y otra vez, para entregar un resultado, la declaración, que siempre tiene el mismo formato y en el que lo que nos importan son dos casillas: si ha salido a pagar y cuánto. Eso es un servicio.

Un proyecto es algo muy distinto.

Un proyecto es un esfuerzo limitado en el tiempo, destinado a generar un resultado único e irrepetible. Los proyectos tienen fecha de inicio, fecha de finalización, presupuesto fijo y producen un resultado único e irrepetible. La construcción de chalets es un buen ejemplo de proyecto: cada vivienda unifamiliar es única, tendrá detalles internos que obedezcan a necesidades concretas de su propietario, se empiezan en un momento concreto y tienen una fecha de entrega pactada, con un presupuesto fijo. Los proyectos requieren planificación, los servicios no. Los proyectos generan cosas únicas, los servicios no.

Así que antes te dije que a veces la formación consiste en prestar un servicio y a veces en realizar un proyecto. ¿Dónde está la diferencia?

Si estamos en una academia en donde el temario de un curso es fijo, la duración está predeterminada y siempre es la misma, se da una y otra vez y el resultado es un certificado de asistencia en el que se acredita que se han dado 120 horas cubriendo todos los puntos del temario, eso es un servicio. Piensa en ello:

- Es reactivo. El curso está predefinido, pero la matriculación no empieza hasta que no entra un alumno por la puerta y pide "el curso número 6".

- Está predefinido. El temario es siempre el mismo. Se usa el mismo manual, se hacen las mismas prácticas. Sólo hay que seguir un guión.

- Produce un resultado predecible. Todo el mundo sabe por adelantado lo que se va a ver, cuántas horas va a durar. No hay cambios.

Si ésta es tu situación, lo que haces es prestar un SERVICIO de formación.

Ahora piensa en otro escenario. Entre por la puerta el responsable de recursos humanos de una empresa de consultoría y te dice que tienen que incorporar 20 programadores a un proyecto y que hace falta formarlos en el entorno de desarrollo de Microsoft .NET, el lenguaje de programación C# y cómo hacer aplicaciones para Internet con esos elementos. La mayoría tienen conocimientos de VisualBasic o Java, aunque nunca han visto C# y tienen que estar preparados en un mes.

Esto es un proyecto:

- Hay que tomar requisitos. Nos han dado algunos datos generales, pero es conveniente enterarse bien de lo que necesitan.

- Hay que planificar. Habrá que proponer un temario, con un desarrollo en el tiempo de los contenidos.

- Es limitado en el tiempo. Por ejemplo, esto que hay que hacerlo en menos de cuatro semanas.

- Genera un resultado único. Cuando termines, el curso no se repite. Si viene otro grupo de alumnos lo más probable es que tengan otro perfil, que necesiten incorporar o quitar algún elemento del temario, que haya que darlo en otro sitio...

Párate ahora un momento y piensa cuál es tu caso. ¿Qué tipo de cursos es el que das más a menudo? ¿Cursos predefinidos de calendario, de catálogo, como se dice en algunos sitios, o a medida para el cliente?

La buena noticia es que los procesos que vamos a ver aquí sirven para los dos. En un curso de calendario, tendrás que elegir el manual sólo una vez: la primera que impartas el curso. Lo que hagas en esa primera ocasión servirá para definir la plantilla según la cual se darán todas los demás. Así que incluso en los cursos de calendario hay un proyecto inicial que consiste en dar el curso la primera vez, esa vez en la que innovas, amplias la oferta comercial de la empresa y das la primera convocatoria. Si ya tienes un catálogo elaborado, lo que vamos a ver en este manual te servirá para repasar las decisiones que tomaste en su día, como por ejemplo el libro que estás usando. Es posible que ratifiques tu decisión inicial o que la corrijas.

Si das cursos a medida, vas a aprender un método de trabajo que te permitirá enfrentarte a cualquier petición con un poco más de tranquilidad y con mejores posibilidades de éxito.

Para esto es para lo que sirve la gestión por procesos: para simplificar el trabajo aprovechando la experiencia acumulada.

Ahora, vamos a ver esa selección de siete procesos básicos con los que empezar.

En resumen

* La formación es una actividad que pertenece al sector de servicios, ya que se trata de una actividad que no genera bienes de consumo.

* También se llama "servicio" a un método de gestión, en el que el trabajo se realiza en respuesta a una petición del cliente para generar resultados iguales de acuerdo a un procedimiento predeterminado. Por ejemplo, las hamburguesas de una franquicia sólo se hacen en respuesta a un pedido.

* Una gestión eficaz no depende de encontrar "empleados estrella" que resuelvan sus tareas de forma genial, sino de

desarrollar procesos de manera que las cosas salgan bien con independencia de quién las realice. Eso es lo que permite hacer una gestión delegada y no tener que estar encima de la gente para asegurarse de que todo va bien.

Siguiendo con el ejemplo anterior, las hamburguesas de una determinada cadena de comida rápida son iguales sin que importe el restaurante donde la hemos pedido o la persona que la ha preparado.

 * El primer paso en una cultura de procesos es, precisamente, tratar de identificar los procesos o tareas más habituales, documentarlos y acumular experiencia sobre la mejor forma de realizarlos.

Este libro es esencialmente un manual de procesos, en el que encontrarás sugerencias y buenas prácticas sobre siete grupos relacionados con la realización de cursos de formación.

Capítulo 2

Definición del temario

El primer proceso que quiero comentarte es la definición del temario. Antes de llegar aquí habría que hacer muchas más cosas, como crear un catálogo de cursos, iniciar una campaña de marketing para posicionarse... todo eso que se hace para poner en marcha un negocio. Pero como te dije en el capítulo anterior, este libro no pretende abarcar toda la complejidad de la gestión de cursos o de un centro de enseñanza. Sólo vamos a centrarnos en algunas cosas que tienen mucho que ver en tu relación con el formador y con la ejecución de cada curso. Cosas que son fáciles de implementar y que pueden dar resultados tangibles en poco tiempo.

La primera noticia que tenemos los formadores de la existencia de un curso es cuando nos llega un mensaje de correo electrónico o una llamada del coordinador y, tras comentar brevemente el título de la acción formativa, nos preguntan tres cosas muy concretas:

* Si conozco el contenido como para impartirlo.

* Si tengo disponibilidad para darlo en tal fecha.

* Si tengo un temario que le pueda mandar, para trasladarlo al cliente. Solo en algo menos de la cuarta parte de los casos, este punto ya está resuelto.

El conocimiento del contenido se tratará en el siguiente capítulo, al ver el proceso de selección de formadores. Lo segundo, la disponibilidad, es una cuestión de calendario y tiene poca complejidad. Lo tercero, la elaboración del temario, puede parecer trivial, pero es el primer punto en el que podemos perder o ganar mucho de cara a la organización del curso.

Ten en cuenta que el temario que presentes en la oferta comercial es una promesa que haces al cliente, promesa que luego tendrá que cumplir el formador. Vamos a dejar para más adelante la posibilidad de que me lo pidan como formador y vamos a ver los casos más comunes en que me lo mandan hecho.

Algo que se te puede ocurrir para dar respuesta al cliente es buscar el temario de un curso oficial. En mi experiencia eso suele pasar en el 60/70% de los casos. Son "cursos oficiales" los que organizan los fabricantes de hardware, desarrolladores de software y organizaciones de acreditación internacional. Por ejemplo, cursos de administración de My SQL ofrecidos por Oracle, de programación en C# convocados por Microsoft o de acreditación en gestión de proyectos ágiles con Scrum impartidos por la Scrum Alliance. Estas empresas se ganan la vida vendiendo esos productos y servicios, de forma que tienen presupuesto y recursos para desarrollar cursos muy completos, con la participación de varios expertos que elaboran el contenido, escriben los manuales y preparan las prácticas. A menudo, esos cursos van vinculados a un proceso de acreditación o certificación personal. Por ejemplo, una de las acreditaciones más prestigiosas para administradores de redes informáticas es la CCNA de Cisco, que es el acrónimo de Cisco Certified Network Associate. Para conseguir esta certificación hay que superar dos exámenes: el 100-101 ICND1 y el 100-102 ICND2, cuyo contenido se desarrolla en los cursos ICND1 e ICND2. Si vamos a la página en la que se describe el contenido del primero (http://bit.ly/1McfN7k) veremos que los puntos a tratar son estos:

- Mod 1. Building a Simple Network.

- Mod 2. Establishing Internet Connectivity.

- Mod 3. Managing Network Device Security.

- Mod 4. Building a Medium-sized Network.

- Mod 5. Introducing IPv6 ICND1 Super Lab.

Puede parecer que ya tenemos el problema resuelto, puesto que si el objetivo es aprender a configurar dispositivos de red, el temario del curso de Cisco debe ser el más adecuado. Esto, que parece un acierto, en realidad es un riesgo considerable. Cuando se ofertan cursos basados en temarios oficiales, hay algunas cosas que no se tienen en cuenta:

Primero, aunque en la página no lo ponga, esos cursos van acompañados de una guía de estudio, tanto para el alumno como para el formador, que no solo contiene el desarrollo del temario, sino explicaciones adicionales, presentaciones multimedia, ejercicios de evaluación, prácticas y trucos para atender los problemas más comunes.

Hay que reconocer que casi todas estas empresas hacen unos manuales fantásticos. Microsoft, por ejemplo, los hace con todo lujo de detalles. Los de Sun Microsystems también eran muy buenos, al menos hasta que la absorbió Oracle en 2010.

Segundo, esos cursos suelen efectuarse en un aula que incluye una configuración de medios adecuados al contenido de los manuales, lo que quiere decir que hay computadoras, software y ficheros datos para escenarios de prácticas. Los de Cisco, por ejemplo, incluyen un dispositivo físico real de conmutación de redes para efectuar parte de las prácticas con él.

Tercero, esos cursos indican de una forma muy precisa cuáles son los requisitos para que los alumnos puedan participar. En el ICND1, por ejemplo, los requisitos son saber encender una computadora y poco más, pero para acceder al curso ROUTE (situado un nivel por encima en la escala de certificaciones) hay que cumplir todo lo siguiente:

- Describing network fundamentals.

- Establishing Internet and WAN connectivity (IPv4 and IPv6).

- Managing network device security.

- Operating a medium-sized LAN with multiple switches, supporting VLANs, trunking, and spanning tree.

- Troubleshooting IP connectivity (IPv4 and IPv6).

- Configuring and troubleshooting EIGRP and OSPF (IPv4 and IPv6).

- Configuring devices for SNMP, Syslog, and NetFlow access.

- Managing Cisco device configurations, Cisco IOS images, and licenses.

Lo importante de esta lista de requisitos no es que esté ahí, que sea muy larga, que esté en inglés o que tenga pinta de complicada. No, nada de eso. Lo importante es que el fabricante no tiene ningún problema en decirle al cliente que si no cumple los requisitos, no se da el curso.

Si no puedes apoyar a tu formador con los recursos que necesita, como puede ser la preparación de las aulas, no le traslades la exigencia de que cumpla el compromiso de impartir un temario. Todas esas cosas que acabo de mencionar son importantes para tener éxito en la realización del curso:

* El manual contiene un guión de cómo hay que impartir el contenido, con ejercicios y prácticas descritas paso a paso que reducen la presión en el formador, así como explicaciones que pueden ayudarle a zanjar algunas dudas de los alumnos.

* El software y los juegos de datos de prueba a menudo son necesarios para hacer las prácticas que dice el manual. Por ejemplo, sin la base de datos HR que viene con los cursos de la base de datos de Oracle no es posible desarrollar las unidades didácticas, ni hacer los ejercicios del manual.

* Los requisitos no están ahí para fastidiar a nadie, sino porque son necesarios. No le traslades al formador la exigencia de explicar el temario y ADEMÁS, rellenar los huecos de conocimiento que tengan los asistentes.

¿Y cuál es la solución? En este caso, algo tan fácil como que no prometas lo que no puedes dar. No digas que puedes dar un curso oficial si no tienes los medios, lo que normalmente implica formar parte del circuito de centros acreditados. Es decir, haz promesas realistas.

La pega que me suelen poner en este punto es que eso lo hace mucha gente y que si yo no se lo vendo, otro centro se quedará con el cliente. Que ser un centro autorizado es muy caro y que no está asegurada la rentabilidad. Lo entiendo, pero creo que lo que tienes que pensar no es cuántos cursos pierdes por no aceptar esas condiciones, sino cuantos cursos van a salirte mal por no haber cumplido las expectativas. Un cliente satisfecho, vuelve y atrae a otros. Un cliente decepcionado, se lo piensa dos veces.

¿Y no hay otra solución? Sí, sí que la hay. Pregunta a tu formador qué se puede dar tomando como referencia el curso oficial. Confía en él. Como te dije en la introducción, todo lo que te acabo de contar no es más que una excusa para explicar un escenario. Ese escenario es: no hagas promesas sin consultar con el formador. No te dejes llevar por lo primero que pida el cliente o lo que ponga en la página web de un proveedor de formación oficial. La negociación también consiste en mantener un cierto control sobre los términos del acuerdo. Si te ves empujado a aceptar un temario, es que no controlas lo que está pasando. Pasarle la pelota al formador y echarle la culpa de que todo salga mal cuando uno de esos requisitos falle no es sensato. Si te llega una petición, escucha al cliente. Mira a ver lo que necesita. Si te pasa un temario oficial, del tipo que sea, está bien, porque eso es una plantilla sobre la que empezar a trabajar. Pero antes de comprometerte a nada, consulta su viabilidad con el formador a quien le vas a encargar el trabajo.

Otro de los recursos que más se utilizan para elaborar temarios es coger el índice de un libro y copiarlo. Tal cual. En mi experiencia, eso ocurre más o menos en un 10 o 15% de las ocasiones y a menudo me encuentro que lo copian literalmente, incluyendo los apéndices y glosario; puedes imaginarte lo mal que queda. Es una idea casi peor que la anterior. Los libros, a menos que su autor los haya redactado claramente como libros de texto, no tienen un contenido adecuado para el desarrollo de un curso. No voy a extenderme más aquí, porque volveremos sobre este asunto un par de capítulos más adelante, cuando estudiemos el material didáctico. De momento, baste decir que es mejor que hagas como en el caso anterior: pide orientación al formador.

Nadie espera que los coordinadores de formación o de recursos humanos conozcan todos los temarios y áreas de conocimiento que pueden impartirse en los cursos que organiza. Tu tranquilidad tiene que venir de saber identificar correctamente tus competencias en estos roles: en lo que toca a la organización de cursos, eres un jefe de proyecto, lo que quiere decir que coordinas un equipo humano, un presupuesto y unos medios. Tu trabajo consiste en facilitar la comunicación entre todos los interesados (alumnos, responsable del cliente, técnicos, formadores) y facilitar su labor buscando los recursos que necesiten. Hablaremos más sobre gestión de proyectos en este libro, pero si de verdad te gusta el tema, te sugiero que sigas el dominio professional-trainers.com para seguir las novedades y artículos sobre este tema.

El tercer caso consiste en que no haya temario y que me pidan que proponga uno. Este es el mejor de todos. Me piden opinión antes de adquirir un compromiso. Perfecto. Sólo necesito saber dos cosas:

* ¿Quién va a asistir al curso?

* ¿Qué es lo que necesita aprender?

Vamos con esas dos preguntas.

Es fundamental entender a los alumnos

La formación es un trabajo que consiste en transmitir conocimientos, es cierto. Pero para alcanzar un alto grado de satisfacción ese conocimiento debe resolver una necesidad. Incluso las

personas que acuden a una academia a aprender artes decorati-
vas, sin ningún interés comercial, tienen una necesidad. Puede
que no sea económica, sino existencial, pero está ahí y es importante conocerla. El alumno, ya sea el empleado de una empresa
que necesita aprender a manejar una nueva herramienta o un afi-
cionado a la fotografía que quiere sacar mejores imágenes con su
cámara, tiene una necesidad y es importante comprenderla antes
de presentar un temario.

Hay tres grandes tipos de alumnos: los que quieren que les
orientes, los que quieren que les resuelvas un problema y los que
están ahí porque no tenían otra opción. Este último grupo, especialmente en los cursos de empresa, hay que tenerlo en cuenta.
La diferencia es que los primeros quieren aprender, los segundos
no saben cómo aprender y los terceros no quieren aprender.

Los primeros son aquellos que no conocen el temario, que
puede que no hayan leído nunca sobre el contenido del curso y
que no lo hayan puesto en práctica. Pero cuando les das una pista, cuando les indicas por dónde ir, algo encaja en su cabeza y
son capaces de avanzar por sí mismos. Este es el mejor tipo de
alumno que te puede tocar. No porque te quite trabajo de encima
y no tengas que explicarle nada, sino porque se trata de personas
que han tenido la suerte de encontrar su vocación, esa actividad
para la que están dotados de forma natural y sólo necesitaban
algunos consejos para encontrar los recursos que les permitirán
desarrollar su talento. Este tipo de alumno resuelve las cosas por
si mismo, habla poco, busca soluciones y no te molesta en absoluto a lo largo del curso. De hecho, hablar con ellos suele ser una
experiencia muy gratificante. Son agradecidos, muestran entu-
siasmo y a veces te sorprenden encontrando soluciones que tu no

habías imaginado. Hay que decir, con humildad, que muchas veces aprendes más tú de ellos que ellos de ti.

Luego está el alumno para el que eso no es lo suyo. No es que sea peor, es que se trata de otro tipo de personas, gente que no entiende la mecánica de lo que le estás contando, y tienes que darles explicaciones detalladas, indicando paso a paso cada cosa que tienen que hacer. Puede que hayan llegado al curso agobiados por una necesidad, como que tienen que empezar en un nuevo puesto de trabajo en unos días y necesitan adquirir una competencia con rapidez. Esta circunstancia sólo añade tensión a la formación, porque si no consiguen resultados inmediatos se agobian, y eso dificulta muchísimo su capacidad de concentración y asimilación. Como veremos en el siguiente capítulo, el trabajo del formador tiene mucho más que ver con la psicología y el trato de la gente que con las complejidades técnicas del temario que imparte.

Para el primer tipo de alumno no tienes que tener un conocimiento muy profundo de las cosas, ya que estas personas no te desafían, sino que recorren el camino contigo. Si te sientas con ellos y descubres que no sabes lo que te acaban de preguntar, puedes decirles a las claras que es así, que no lo sabes en ese momento, pero que tienes una idea de dónde mirar y que, si te dejan un momento, ese mismo día o al día siguiente les das una solución. Este tipo de alumnos te anima a seguir aprendiendo y compartirá contigo la solución si la encuentra primero, ya que busca tu ayuda para resolver sus problemas. He tenido muchos alumnos así y sigo conservando una relación de amistad con varios de ellos, lo que constituye una gran satisfacción profesional que espero que puedas experimentar como formador o coordinador.

Para el segundo tipo de alumno no hay formador que tenga el conocimiento suficiente para responder a todas sus preguntas. Cada excepción será un problema Necesitan que les digas, si por ejemplo están aprendiendo Word, el menú, la opción, la forma del botón que tienen que apretar, el tiempo que va a tardar el software en responder, la extensión, el nombre de la carpeta de destino e incluso el color que tiene el icono del fichero. Son personas que toman notas detalladísimas de todo lo que dices y que si lo que pasa ante ellos se aparta lo más mínimo de las explicaciones, están perdidos y te exigen que pares la clase para ir a resolverlo. El problema de este tipo de alumnos es que no entienden lo que se les explica, lo que ven no tiene ninguna lógica para ellos.

El último grupo de alumnos, los saboteadores, existe y son un riesgo que hay que tener muy en cuenta. Afortunadamente son pocos, menos del 5% en mi experiencia, pero están ahí y hay que saber hacer frente a su presencia. Hay una área de trabajo en la gestión de empresas denominada "gestión del cambio" que tiene que ver con la resistencia que muestra la gente a aceptar un cambio. Las personas que presentan rechazo al cambio suelen estar preocupadas por perder una posición de control o autoridad.

No recuerdo ninguna experiencia de alguien que haya venido a sabotear un curso a propósito. La situación no suele ser "vengo a hundir esto". Lo más normal es que no estén de acuerdo con la situación que les ha llevado al curso y que muestren su contrariedad a la más mínima oportunidad. Lo que si he tenido es algún alumno "gracioso" al que por alguna razón en su empresa le toleran un comportamiento abusivo. Este fue el caso de un curso que impartí para una subcontrata de Telefónica en el que uno de los participantes era familiar del dueño de la empresa. Desde el primer día estaba claro que no se consideraba sometido a ninguna disciplina: llegaba tarde, interrumpía la clase, hacía comentarios impertinentes, paraba las explicaciones exigiendo que le explicases de nuevo algo a lo que no había prestado atención... El problema en realidad no era este chico, sino del dueño de la empresa que no se da cuenta el perjuicio que ese comportamiento ocasiona en su negocio; un curso que podía haber salido perfectamente se vio perjudicado por retrasos continuos. Esta gente existe, aunque como te digo son muy escasos.

Otro escenario habitual es que te toque un alumno que es considerado "el que sabe". Si tienes que dar formación a una empresa y todos los asistentes trabajan en el mismo departamento, o comparten el espacio cotidiano, siempre existe alguien de estas características. Suele ser un verdadero peligro: te dice lo que tiene que verse en el curso, lo que hay que saltarse, dónde hay que hacer las prácticas, qué es lo que les interesa y lo que no. El problema con esta gente, con los que llevan mucho tiempo haciendo lo mismo, es que normalmente no saben de lo que hablan. Han aprendido a resolver las tres o cuatro incidencias a las que se enfrentan todos los días. Suelen conocer muy bien la idiosincrasia de la empresa: quién es quién, quién hace qué, qué problemas hay entre el departamento de producción, el comercial y el directivo, etc. Son personas que han encontrado su hueco en ese entorno y han aprendido a aprovecharse de las debilidades de los demás para alcanzar un estado de comodidad en su trabajo diario.

Hace muchos años me encontré uno que me dijo a las claras su política: "para conseguir que te hagan un contrato y no te despidan, lo que tienes que hacer es encontrar una cosa que los demás no conozcan, que sea necesaria para la empresa y hacerte imprescindible". Lo grave es que posteriormente me he encontrado varias veces con el mismo perfil. En una empresa de desarrollo de software bancario había un programador al que todo el mundo reverenciaba: era el que más sabía, el que resolvía los problemas, el que conocía todos los detalles de cada producto. La frase más habitual para describirle era: "fulano es increíble programando; yo no entiendo cómo lo hace". Esa frase resumía el gran problema de la empresa: el software no se documentaba, todo el mundo acudía a este programador a resolver dudas, pero él no compartía su conocimiento con nadie. Se limitaba a poner el parche, hacer horas extraordinarias, cobrarlas y seguir adelante. Nunca explicaba lo que había hecho, todo estaba en su cabeza y el resto de programadores se limitaban a hacer tareas secundarias, módulos triviales, de forma que siempre había un cuello de botella, ya que todos los problemas graves tenían que pasar por esta persona.

Me he encontrado a gente así en mucho cursos y proyectos y su problema no es que sepan más o menos o que sean malas personas; simplemente tienen miedo de perder el control en su esfera de influencia. Si, después de varios años en su hueco, acostumbrados a que todo el mundo les reconozca que son imprescindibles, llegas tú y les haces ver que no saben tanto, pierden esa posición de autoridad y su mundo se tambalea. Por eso no preguntan nada; desafían con las intervenciones. Tienen que demostrar que saben más que tú para mantener su estatus. Cuando te llaman no es porque quieran aprender nada, sino porque necesitan que les resuelvas lo que no han podido encontrar en otro sitio.

Bien, ahora la pregunta es ¿a qué tipo de alumno estás dirigiendo tu curso?

Si se trata del primer tipo de alumno, el interesado en aprender, lo mejor es que hables con él y le preguntes qué objetivo persigue. No he dicho "qué quiere aprender", sino "qué objetivo persigue". Es posible que no lo tenga claro, pero será un diálogo muy fructífero y si es así agradecerá la orientación que le puedas dar. Si no lo tienes claro, pide ayuda al formador, para que esté en la reunión previa al inicio del curso y pueda participar en la definición del temario. Este tipo de alumno necesita un curso "de conceptos", no de procedimientos.

Si se trata del segundo tipo de alumno, la situación es la inversa. Cualquier debate sobre un objetivo final u orientación le irritará, porque le aparta de su necesidad inmediata, que es "resolver esa cosa que tiene entre manos". Pregúntale qué es lo que tiene que hacer exactamente y procura que el temario sea un listado de esas tareas. Este tipo de alumno necesita un curso de procedimientos y es muy dependiente de la documentación. No trates de meter más cosas, porque le despistarás y fomentarás su nerviosismo y frustración. Recuerda que no quiere aprender, sólo quiere "resolver el problema".

Los saboteadores no presentan necesidades en uno u otro sentido con el tipo de temario. Su problema no es de conocimientos, sino de actitud. No pongas al formador en la tesitura de tener que hacer frente a un saboteador, porque le va a estar desafiando todo el curso y las probabilidades de que salga mal y se cancele son muy altas. Lo mejor es observar el comportamiento, tratar de comprender qué miedo es el que le hace comportarse así y hablar con su responsable, para que la solución provenga de su área de autoridad.

Aquí puede plantarse una duda importante: para saber qué tipo de alumnos tengo, tengo que tener contacto con ellos; para tener contacto con ellos, tengo que empezar el curso; para empezar el curso, tengo que saber qué tipo de alumnos tengo. ¿Cómo rompemos el círculo vicioso?

Una posible solución es el uso de encuestas. Tenemos dos grandes posibilidades:

Primera, que el curso lo organices en un centro de estudios dirigido al público y que los alumnos lleguen por su propio pie y de forma individual al mostrador en el que piden información y se matriculan. En este caso prepara una encuesta que forme parte del proceso de petición de información. Debes intentar que el futuro alumno no te diga solo qué materia quiere aprender, lo que podría llevarte en el peor de los casos a una lista de acrónimos y siglas ("pues me gustaría aprender POO con PHP, para desarrollo de aplicaciones REST"), sino que te cuente qué problema es el que necesite resolver, cuál es su motivación para tomar el curso. Es posible que la gente no se espere que le hagas una encuesta en el proceso de matriculación, pero dudo que nadie se tome a mal que trates de informarte, de manera personalizada, de sus intereses y necesidades. Si tuvieras tiempo o personal para rellenar la encuesta con él y convertir el proceso en una entrevista, en lugar de un simple trámite burocrático, creo que podría tener un efecto muy positivo. Lo más interesante es que no se trataría de un gesto de marketing vacío, sino que la información de una encuesta bien llevada puede ayudarte a preparar muy bien el contenido y desarrollo del curso.

Segunda, que el curso se organice para una empresa, con la que tienes contacto a través de un responsable de departamento o recursos humanos, de forma que no hay ningún contacto con los asistentes hasta que no empieza el curso. En este caso, pásale la encuesta a ese contacto y explícale lo importante que es que la rellenen las personas que van a recibir la formación y no el jefe de proyecto o departamento. Aquí no tenemos las cosas tan fáciles como en el caso anterior y los motivos por los que puede llegarte la información sesgada son muchos: que los asistentes no se atrevan a decir lo que piensan en una encuesta que pueden leer sus responsables o que no sepan por qué hay que dar ese curso. Siempre hay formas de elaborar las encuestas para que te llegue algo de información útil incluso en estas circunstancias y, como en el caso anterior, la imagen que proyectas ante la empresa es muy positiva.

Alguien podría decirme que el uso de encuestas añade una carga de trabajo importante al proceso de contratación de los cursos. Mi respuesta es que no añade nada de trabajo INNECESARIO. La toma de requisitos es una de las partes más importantes en la realización de un proyecto. Creo que ha quedado claro a lo largo de todo este capítulo lo importante que es enterarnos del tipo de alumno que tenemos, de sus necesidades y motivación. Nuestro trabajo no es impartir un curso de acuerdo a un temario y siguiendo un libro, sino resolver esas necesidades y satisfacer esa motivación. Un cliente satisfecho, de nuevo, tiene muchas más posibilidades de volver que otro con el que sólo "se ha cumplido el expediente". Considera que ese tiempo y esfuerzo no es trabajo perdido, sino una inversión en mejorar la calidad del servicio. Como decía al principio del libro, esta práctica no te va a dar el éxito por si sola, pero si al empezar un curso tratas de enterarte de lo que necesita el alumno mediante el uso de encuestas, las probabilidades de que te salga bien son mucho mayores.

Sólo me quedaría comentar un hecho en el que posiblemente hayas pensado y es que los cursos no están integrados por un solo alumno, sino por varios. Lo normal es que el tamaño oscile entre 8 y 15 personas y no todos van a tener el mismo perfil, las mismas necesidades e inquietudes. Eso es totalmente cierto. Lo que intentamos no es reducir el curso a un problema resumido en un perfil general, sino detectar qué porcentaje del grupo tiene unas características, como experiencia previa en la materia, o una necesidad, como aplicar lo aprendido a un área concreta. Conocer esta información antes de empezar puede ayudarte a tomar decisiones, como dividir la convocatoria en dos grupos con intereses afines, o hacer modificaciones en el temario para incluir un punto que permita unificar los conocimientos de base de todos los asistentes.

En resumen

Un temario es un documento en el que se indican los contenidos que tendrá el curso. Para elaborarlo sigue estas directrices:

* Puedes usar el contenido de cursos oficiales como referencia, pero evita la tentación de presentarlos sin cambios. Están diseñados para hacer uso de unos recursos que, si no los tienes, pueden suponer el fracaso del curso.

* Trata de identificar el tipo de alumno que tienes: ¿tiene afinidad por la materia impartida o necesita resolver un problema en un área que le es extraña? En el primer caso, plantea un temario centrado en los conceptos; en el segundo, en los procedimientos.

* En cualquier caso, pide consejo al formador que vaya a impartir el curso. Es el experto en esa materia y tu no debes conocer todos los detalles; eres un facilitador, no un técnico.

* Haz propuestas realistas y basadas en lo que conoces, bien por ti mismo o por recomendación de tu formador.

Capítulo 3

Elección del formador

El formador es, posiblemente, la persona más crítica en todo el proceso de organizar un curso. Es quién da la cara frente al cliente, quien resuelve sus dudas y cumple las expectativas creadas en el proceso de contratación. Podemos estar en un aula espaciosa, con equipos de última generación, manuales impecables y un mobiliario ergonómico colocado frente a unos amplios ventanales que den a un precioso jardín interior. Sin un formador que dé coherencia a todos esos recursos y los aproveche para desarrollar el temario, no hay nada que hacer.

Siempre me ha parecido que el formador es, al mismo tiempo, el recurso de mayor riesgo para el organizador. ¿Cómo sé que la persona que meto en clase va a responder adecuadamente, que conoce el temario, que sabe cómo tratar con la gente, que me va a avisar si hay un problema? Es muy difícil saberlo y a lo largo de estos años me han contado anécdotas de todo tipo, que ilustran hasta que punto pueden llegar las cosas.

Hace años, por ejemplo, me contaron el caso de un curso en el que el formador abandonó el aula el primer día, en el primer descanso. No avisó ni dijo nada. Llegado el descanso cogió sus cosas y se marchó sin decir ni una palabra. No volvió a ponerse en contacto con el centro de formación ni con los asistentes. Simplemente desapareció. Ignoro qué es lo que pudo pasar, pero estoy casi seguro de que empezó a dar el temario y se asustó porque no lo controlaba tan bien como pensaba, o le impresionó la situación de estar frente a un aula llega de alumnos con preguntas. Lo que sí sé es que el centro se quedó colgado con un curso en marcha, un aula llena de asistentes y un cliente pidiendo explicaciones. ¿Cómo actúas frente a eso?

La mejor cualidad de un formador

Cuando daba mis primeros pasos en la profesión de la mano de Javier Gómez en una academia de informática situada en el norte de Madrid, le pregunté que quién era su mejor formador, el profesor de más valor en la academia. La respuesta fue "la profesora de ofimática". Una mujer de mediana edad que daba cursos de Word, Excel y PowerPoint era el mejor recurso de la empresa. Allí se daban decenas de cursos todos los meses sobre materias tan diversas como AutoCAD, ofimática, programación o diseño Web y yo pensaba que el mejor formador seria alguno de los que nos dedicábamos a las áreas más exigentes desde el punto de vista técnico.

- Es perfecta, los alumnos están encantados con ella. Se lleva bien con todo el mundo e imparte el temario sin desviarse de lo que la gente espera.

Esta es una lección que me costó muchos años aprender: el mejor formador no es el más competente desde el punto de vista técnico, sino el que es capaz de relacionarse mejor con los alumnos y trasladar los conocimientos (muchos o pocos) de una forma didáctica y entretenida. Es posible que en este punto pienses "sí, sí, eso ya lo sé, los formadores tienen que ser muy sociables". Entonces, ¿por qué la principal característica que sigue buscando todo el mundo es que sepa mucho de lo que se va a dar?

Hay que darse cuenta de que impartir cursos es un trabajo fundamentalmente social, de relación con los alumnos, de satisfacción de unas expectativas. Ya hemos visto en el capítulo anterior, al desarrollar el temario, que es importante crear expectativas realistas orientadas a satisfacer las necesidades del asistente. Pero una vez que somos conscientes de ese objetivo, lo que toca es cumplir lo prometido y conseguir que el alumno se vaya con la sensación de que no ha perdido el tiempo, de que las horas y el dinero invertidos en su formación han dado su fruto y que sale con una nueva habilidad, con nuevos conocimientos que le van a permitir resolver un problema concreto o avanzar en su carrera profesional.

Fíjate en que todo de lo que llevamos hablando un rato tiene que ver con relaciones humanas y no con competencias técnicas: escuchar, entender, transmitir, empatizar...

Dale Carnegie, toda una autoridad en marketing que vivió en Estados Unidos en la primera mitad del S. XX, decía que la mayor parte de lo que ganamos en nuestro trabajo se debe a nuestra habilidad para relacionarnos con los demás, escuchar, crear redes de contactos y responder a las necesidades de los clientes. Sólo el 10 o el 15% se debe a nuestra competencia técnica.

No te puedes imaginar la cantidad de ocasiones en las que me he encontrado que un curso se ha suspendido al primer o segundo día porque "ese formador que sabía tanto" no podía seguir adelante. Los alumnos se quejan de que no se entiende lo que dice, que se pierde en divagaciones, que no escucha o que explica las cosas de una forma confusa.

Una pista para saber que te has equivocado de formador es que alguien diga "no, si hay que reconocer que sabe mucho de lo que habla". Ese es el indicativo que te dice que es mejor no insistir y proponer una suspensión de unos pocos días hasta que encuentres a alguien que pueda hacer la sustitución. Por tanto, a pesar de que yo mismo empecé como un formador técnico, muy centrado en los aspectos teóricos de la profesión, debo decirte que la principal cualidad que debes buscar en un formador no es un currículum apabullante, lleno de certificaciones y títulos, sino la cordialidad y la capacidad de comunicación. No lo digo solamente yo, lo decía Javier de su profesora de ofimática y se lo he venido escuchando a decenas de coordinadores de formación a lo largo de todos estos años.

Una forma de identificar esa cualidad es echar un vistazo a la actividad de su perfil en alguna red social. No estoy hablando del número de contactos, aunque es una métrica que indudablemente puede servir de referencia. Alguien que no se mueve o que está encerrado en su mundo no tendrá más que unos pocos contactos. Pero lo contrario no es necesariamente un indicativo de sociabilidad.

En LinkedIn hay un término para designar a los buscadores compulsivos de contactos, ese tipo de gente que agrega a cualquiera, basado en la idea de que la red social debe ser muy amplia para mejorar las oportunidades de negocio. Los llaman LIONs, que es el acrónimo de LinkedIn Open Networker. En teoría, tener dos o tres LIONs en tu red de contactos puede ser positivo, ya que LinkedIn no te permite "ver" perfiles más que de primer, segundo y tercer nivel; es decir, los contactos directos, los amigos de mis amigos y los amigos de los amigos de mis amigos. Todo aquel que esté más lejos de dos contactos de distancia no aparece en tus búsquedas, no es posible ver sus detalles y lo mismo pasa a la inversa, tu no apareces en los resultados de búsqueda de aquellas personas que estén a más de dos contactos de distancia. Un LION es un tipo de usuario que añade de forma indiscriminada a todo el mundo. Parece que hay un límite de 30.000 posibles contactos en la agenda, que ya hay que correr y estar mandando invitaciones para llegar a ese número, pero seguro que alguno lo habrá alcanzado. De hecho, hay foros y grupos en los que la gente se presenta abiertamente proporcionando su dirección de correo electrónico para que otros les puedan mandar la invitación sin restricciones.

Pero una cosa es aprovechar este tipo de usuarios para mejorar las posibilidades de relación, algo con lo que sigo sin estar del todo de acuerdo, y otra es buscar esta cualidad en los formadores. No puede haber una idea más equivocada, ya que lo importante de la red social es la calidad de los contactos y no el número de ellos.

La red de contactos profesionales tiene valor en la medida en que esos contactos acreditan una experiencia, bien porque han compartido un proyecto o un trabajo y pueden corroborar las referencias del candidato, o porque comparten intereses y actividad a través del intercambio de información, comentarios y charlas en foros e hilos de debate. Agregar cientos o miles de contactos a los que sólo se saluda en el momento de solicitar su agregación, pero que posteriormente quedan sepultados en una avalancha de actualizaciones a la que no se hace ni caso, es lo mismo que no tener nada. En realidad es peor, porque la información realmente útil, esa noticia que podría proporcionar alguien que realmente comparte nuestros intereses, se pierde en la actividad del resto de "perfiles basura".

Por tanto, cantidad sí, pero vinculada con una actividad significativa. ¿Y cómo podemos averiguar esta métrica? Es difícil. En redes como Facebook o Twitter es posible echar directamente un vistazo al muro de una persona y seguirle la pista a su actividad. Pero estas redes no son el mejor sitio para seguir la trayectoria profesional de nadie, por lo que tendríamos que ver cómo consultar este dato en LinkedIn. El problema es que esta red social quitó el historial de actualizaciones hace un par de años y, aunque es cierto que luego volvieron a habilitarlo, no es fácil ver dónde está.

Para ver la actividad de un perfil en LinkedIn no es necesario estar en contacto. En la página del perfil que nos interesa, buscamos un pequeña flecha que hay debajo del nombre, junto al botón de "Enviar un mensaje de inmail". Al pulsar encima aparece un menú desplegable, en el que la primera opción es "Ver la actividad reciente". Esto nos lleva a la página de actividad en la que podremos ver las últimas actualizaciones del perfil.

El problema, si no pertenece a nuestra red, es que las preferencias de seguridad pueden ocultar dichas actualizaciones, por lo que incluso en el caso de personas que se mueven mucho podríamos tener la sensación de que tienen abandonado su perfil.

Podemos darle muchas vueltas a este problema y tratar de usar métricas indirectas, como el número de seguidores (que aparece en esa misma página arriba a la derecha), pero lo más sencillo es mandar una invitación aclarando el motivo: "Estimado Pepito, estamos buscando un formador para dar clase de tal cosa y quisiera agregarle a mi lista de contactos si está interesado". Es una forma elegante de presentarse y comprobar si esa persona está activa y mantiene el interés por dar cursos de formación.

Una vez que nos haya aceptado, vamos al perfil, en el que ya podremos ver todos los detalles, y consultamos la actividad como acabamos de ver. No es el dato definitivo, pero ayudará a mejorar la imagen de conjunto.

Otra forma de conocer la actividad e influencia de una persona es usar alguno de los índices sociales que hay en el mercado, como Klout, PeerIndex o Kred. Analizar el funcionamiento de estos indicadores de popularidad excede el ámbito de este libro, pero si visitas el dominio professional-trainers.com podrás leer los tutoriales y artículos que vaya publicando sobre ellos.

Hay muchas más referencias que se pueden usar. Por ejemplo, en los últimos años han surgido aplicaciones sociales, como change.org o meetup.com, donde las personas pueden lanzar actividades o iniciativas. Si tu candidato tiene "tirón" en alguna de estas áreas, sería un buen indicativo de su capacidad de relacionarse con otras personas y generar interés.

Por último, una bitácora (blog) puede ser un buen indicador de la inquietud de tu candidato sobre los temas que debe impartir y su capacidad de influencia en otras personas. No es posible dar una receta fija, porque lo que es válido para el mundo de la informática (organizar encuentros en MeetUp) puede no serlo para el mundo de la cocina. En general la idea es que la mejor cualidad que puedes encontrar en un formador es la de ser un comunicador, por lo que cualquier actividad de comunicación (escribir un blog, organizar actividades, mantener un red social dinámica) es un indicador válido para determinar su valía.

Una pega que podrían ponerme a este criterio es que entonces el formador debe convertirse en un publicista de sí mismo y que la imagen es más importante que el contenido y, claro, lo que todos quieren es las persona más capacitada en el área que estamos cubriendo en el curso. Mmm... sí, pero no.

Es cierto que hay una parte de toda esta actividad que puede realizarse para conseguir construir una imagen profesional de cara a lograr mejores contactos, más visibilidad, etc. Pero piensa en una cosa: la propia inquietud por tener esa visibilidad son un indicativo del interés que tu candidato tiene en desarrollar su trabajo.

Es posible que alguien, de forma interesada, pudiera darse en un momento dado una paliza y mandar 500 invitaciones seguidas en LinkedIn a todos los miembros de un foro de contactos abiertos. Igualmente es posible que alguien monte un blog y escriba tres o cuatro cosas en los primeros días. Pero lo difícil va a ser mantener esa actividad en el tiempo si se trata de un gesto fingido. Mantener una red social activa es pesado. Muy pesado. Hay que estar casi todos los días mirando las actualizaciones, lo que dicen los otros, respondiendo a alguien, haciendo comentarios o, al menos, pulsando en los botones de "me gusta" y "lo recomiendo". No sé si lo has intentado, pero si no te gusta es una pesadez.

Lo de escribir un blog es todavía peor. Intenta, durante un mes (que digo un mes, ¡una semana!) escribir todos los días un comentario de cinco párrafos (unas 300 palabras) sobre algún tema que te interese. Los dos o tres primeros días no habrá ningún problema porque todos tenemos algunas ideas que nos gusta compartir con los demás. Pero ya verás como a partir del tercer o cuarto día la cosa empieza a hacerse más pesada. Al cabo de dos semanas las ideas se agotan y hay que empezar a rebuscar en la cabeza para pensar en el siguiente tema. Sin embargo, hay gente que, por la razón que sea, encuentra tiempo casi todos los días para escribir esos cuatro o cinco párrafos sobre los temas que le apasionan. De nuevo, la continuidad es la clave del éxito y, para nosotros que estamos buscando un formador, puede ser un indicativo muy válido para medir su actividad.

Pero si todo esto es cierto, si el conocimiento técnico no es lo más importante y puede tener más valor un formador con menos competencia pero más habilidades sociales, ¿cómo me aseguro de que se dé el temario adecuadamente?

Los formadores no tienen que ser expertos

Quiero ayudarte a desmitificar una idea que, posiblemente, tengas muy arraigada en la cabeza: "el formador que elija tienen que ser un 'crack' en el tema que le encargue, para que pueda hacer frente a cualquier pregunta que le hagan los alumnos". Falso. No es necesario en absoluto. De hecho, si tienes una urgencia terrible de que ese conocimiento "duro" sea una de sus cualidades es que seguramente te estás metiendo en un curso que probablemente no deberías dar. Voy a explicarte por qué.

En la sección anterior hemos visto que la mejor cualidad que debe tener un formador es la comunicación. Pero eso no excluye el conocimiento técnico de la materia. Por muy simpático y sociable que sea, algo tiene que saber de lo que va a impartir. En efecto, eso es así. Pero no creas que debe saber mucho más.

Si la primera cualidad de un formador debe ser la empatía y las dotes sociales, la segunda debe ser la didáctica, la capacidad de transmitir conceptos de una forma efectiva y entretenida. Porque hay una cosa que debes tener clara: es imposible que conozcamos todos los detalles del área que debemos impartir. Aunque quisiéramos, no es posible. Pongamos, por ejemplo, que vamos a dar un curso de tributación para contables.

Está claro que el formador debe conocer el temario, que debe estar familiarizado con los principios generales de contabilidad y el uso del software que se utilice en las clases, si es que se usa alguno. Pero ahí deben acabar tus pretensiones sobre su conocimiento. El formador no debe, por ejemplo, conocer toda la casuística sobre las sucesiones patrimoniales, ni las últimas novedades legislativas en impuestos de sociedades. Date cuenta que eso no lo saben ni los contables que están todos los días trabajando en ello. Siempre hay dudas; por eso existen las consultas a la administración, los manuales de trabajo, las guías tributarias y los foros profesionales para compartir preguntas. Los colegios y asociaciones profesionales están continuamente publicando monografías sobre aspectos concretos de su profesión. Por tanto, si ni siquiera un profesional que esté todos los días liado con ello puede saberlo, ¿por qué pretendes que lo sepa un formador? El no está haciendo declaraciones de impuestos a diario; está dando clase, de forma que no puede acercarse a la práctica profesional que de hecho tiene un contable.

Lo mismo pasa con cualquier otra profesión técnica. Los programadores no tienen muchas veces ni idea de cómo hacer algo. Las librerías de software son enormes, llenas de métodos con numerosas opciones y detalles de sintaxis. No caigas en el error de pensar que un experto es lo que aparece en las películas y las series de televisión. No hay imagen más absurda que la del "hacker", tal como lo presentan en esos programas. Cualquiera que se dedique a la seguridad informática estará sepultado bajo montañas de libros, estará suscrito a tres o cuatro foros profesionales y tendrá que actualizarse continuamente. Nadie compila "un troyano" en tres segundos. Ni en un minuto. En ese tiempo es posible que ni siquiera arranque el entorno de compilación, mucho menos escribir el código, compilar, desplegar el paquete y conseguir que sirva para algo.

¿Cómo te aseguras de que el formador sabe lo suficiente para dar el curso? Hay varias opciones. Algunos centros preparan pruebas de contenido que casi parecen un examen. Desde mi punto de vista, esa técnica es una pérdida de tiempo, ya que no es posible en unas pocas preguntas cubrir todas las eventualidades. El método que más me gusta es la entrevista y me sorprende que sea el que menos se utiliza; de hecho, creo que sólo me han entrevistado así en un par de ocasiones. La mecánica es sencilla, no vayas a pensar otra cosa. Si puedes, vete a un aula o cualquier sitio en el que haya una pizarra o un tablero donde anotar y pídele al formador que te explique algo del curso, cualquier concepto, en 2 o 3 minutos. Si no estás familiarizado con ello, mejor, ya que de lo que se trata no es de que haga un despliegue de conocimientos, sino de su capacidad de engancharte, entretenerte y enseñarte algo. No estás haciendo una prueba de certificación, sino un ensayo de lo que puede pasar cuando esa persona se ponga frente a los alumnos. Si puedes reunir a varias personas de la empresa para simular un grupo real, mejor.

Al hacer estos ensayos, no uses mucha tecnología, ni siquiera en cursos muy relacionados con maquinaria o productos. Es mejor que le pidas que te explique un concepto, porque de otra forma lo que evalúas es su competencia técnica, lo que de nuevo sería un error. No te interesa que te deslumbre con lo bien o mal que hace algo, sino con lo bien que lo transmite.

Procura que haya medios en el sitio donde hagas la prueba, pero no le digas si debe o no usarlos. Por ejemplo, intenta que haya una pizarra y un par de rotuladores, pero no hagas ver si esperas que los use. Déjalos ahí y observa si hace uso de ellos y cómo los aprovecha para desarrollar las explicaciones. Fíate de tus propias sensaciones: ¿Te interesa lo que cuenta? ¿Miras el reloj? ¿Lo miran otros a tu alrededor? ¿Te has enterado de lo que ha dicho al terminar? ¿Te ha preguntado algo para adecuar la explicación a tus intereses y conocimientos previos?

La tarea de un formador es divulgar, transmitir el conocimiento de la forma más eficaz posible, guiar al alumno por una serie de prácticas y ejercicios para que asimile el conocimiento de la manera más eficaz e ilusionarle para que quiera seguir aprendiendo. A menudo le digo a mis alumnos que mi trabajo no consiste en que se conviertan en expertos de nada, sino en transmitirles el conocimiento suficiente para que cuando termine el curso sepan cómo seguir avanzando. Nadie puede pasar de un desconocimiento total al dominio absoluto de una competencia en tres días, 25 horas o 150, sea cual sea la duración que tenga la acción formativa, así que renuncia a ese objetivo de "conocimiento absoluto" en el formador o en el temario. La formación sirve para avanzar, para comprender.

Hoy es lunes, vienes a un curso y no sabes nada de Oracle; perfecto, no pasa nada. El objetivo para el próximo viernes cuando acabemos no es que seas un experto en Oracle, sino que entiendas el producto, que conozcas las operaciones básicas, que comprendas cómo funciona y que sepas cómo buscar recursos cuando encuentres un problema. Y sobre todo que sepas cómo avanzar hasta el siguiente paso. Después de dar el curso, cuando hayas empleado 12 o 15 meses en trabajar con los conocimientos adquiridos, te habrás convertido en el experto por ti mismo, ayudado por la experiencia que adquieras, la iniciativa que tengas y la ayuda que puedas conseguir de compañeros y conocidos... incluido el mismo formador, con el que puedes seguir en contacto después de terminar el curso. A mí me ocurre a menudo que un alumno me llama o me escribe desde el trabajo para preguntarme una duda. Si puedo, le oriento, y si no puedo se lo digo. No hay ningún problema y es uno de los aspectos más gratificantes de la formación para mí. Ese alumno sabe que mi interés no es dar el temario, sino ayudarle a seguir adelante.

Los formadores sabemos lo que nos ha permitido la experiencia, nuestro conocimiento y nuestras cualidades para cada tarea. Pero sobre todo somos divulgadores de conocimiento, no expertos. Atento a lo que te voy a decir, porque esta es la segunda mayor habilidad de un formador: nosotros sabemos, sobre todo, dónde y cómo buscar soluciones, no cuál es la solución. No me preguntes qué clase ha sustituido a StringTokenizer en la librería java.lang porque no tengo ni idea. Pero no te preocupes, que sé perfectamente dónde buscarlo. Si tengo que impartir un curso sobre ello, lo preparo antes de empezar, si es la primera vez, y diseñaré un ejercicio adecuado para ello. ESE es mi trabajo. No memorizar todas las librerías o saber al dedillo cómo funciona un programa.

Por supuesto que tenemos soltura en muchas cosas. La experiencia es un grado. Pero no es la mayor habilidad. De nuevo, la experiencia te proporciona anécdotas para apoyar una explicación, pistas para resolver un problema, pero el conocimiento técnico no debe ser una obsesión.

Entonces, ¿qué pasa con los cursos especializados o con esa empresa que me ha pedido un experto para impartir un curso sobre cierta materia compleja?

Los cursos especializados siguen siendo cursos, si es que un curso es de lo que hablamos. La diferencia entre un curso básico y otro avanzado es el contenido, no el formato. El objetivo sigue siendo el mismo: transmitir un conocimiento de acuerdo a las necesidades del alumno.

Es posible, volviendo al ejemplo de la contabilidad, que puedan pedirnos un curso muy complejo sobre tributación de sociedades. Pero llega un momento en que lo que se pretende no es aprender, sino conocer la respuesta a un problema. Lo que la gente quiere en esos casos no es que le enseñen nada, sino que le resuelvan un problema que ellos mismos no han conseguido resolver. Lo que nos lleva a las consultorías encubiertas.

Hay una línea muy fina que separa la formación de la consultoría. La formación es la actividad de transmitir conocimientos y ayudar al alumno a adquirir competencias y capacidades. La consultoría es hacer tuyo el problema y resolverlo por tus medios, sin transmisión de conocimientos al cliente. Claro, hay clientes que lo que quieren es que vayas a su sede, resuelvas un caso práctico con ellos y que les expliques cómo lo has hecho para poder replicar el proceso cuando te vayas. Eso no es formación; es consultoría. Lo que se me pide no es que vaya con un temario pre-establecido a transmitir una serie de conceptos y técnicas, sino que me siente a resolver un problema de manera improvisada, haciéndolo despacio para que las personas que haya a mi alrededor puedan tomar nota y traten de reproducirlo cuando me vaya. O sea, que le enseñe lo que yo sé sin valorar el esfuerzo que me ha costado aprenderlo y dándole los detalles para que pueda prescindir de mí.

La línea, como digo, es fina pero clara: en el momento en que me piden que trabaje con los datos del cliente, sobre el problema del cliente, con las herramientas del cliente y que el resultado se quede en casa del cliente como un trabajo realizado, eso es una consultoría. En una ocasión, por ejemplo, me pidieron que diera un curso de copias de seguridad y recuperación de bases de datos. Fui a la empresa preparado con el temario del curso pactado y, de hecho, daba la casualidad de que tenía bastante experiencia con ese producto. Cuando llegué al edificio, me llevaron a una sala en la que pensé que íbamos a dar la clase, pero no. En seguida me indicaron que estábamos esperando al responsable del departamento técnico para ir a la sala de los servidores y ponernos a resolver el problema. Pues eso, insisto, no es formación; es consultoría. Y no tengo ningún problema en hacerla, de hecho casi es el 50% de mi actividad, pero se presupuesta de otra manera, se realiza de otra manera, se cobra de otra manera y se prepara de otra manera.

La consultoría es otra actividad profesional que puede proporcionar enormes satisfacciones, si se hace bien. Si quieres incluir la consultoría en tu catálogo de servicios, hazte esta sencilla pregunta antes de formar el contrato: ¿lo que se haga durante el curso son unas prácticas y ejercicios universales para todos los cursos, o es algo a medida de este cliente, que una vez terminado se queda en producción en la empresa? En el primer caso, es un curso; en el segundo, es una consultoría.

Pros y contras de los formadores fijos

Una solución al problema de seleccionar formadores es ir creando una "cartera" de colaboradores con los que cuentas en cada momento. No es más que el mismo proceso de ensayo y error que realizamos con otras muchas elecciones en la vida. A mí me gusta mucho la horchata, pero no todas las horchatas saben igual; de forma que voy al supermercado, compro una marca, la pruebo, compro otra marca, la pruebo, comparo los sabores, los precios y la calidad y hago una elección. A partir de ese momento, siempre compro la misma marca de horchata. Mi mayor riesgo es que no me guste una botella, pero incluso si tengo que tirarla sólo pierdo un par de euros.

El proceso en la selección de formadores es un poco más arriesgado, porque si un curso te sale mal, los costes pueden ser muy superiores a un par de euros. No sólo es posible que no cobres el curso, sino que además no vas a recuperar la inversión en aula, materiales y tiempo y lo peor de todo es que ese cliente puede no volver a llamarte. En algunos círculos de marketing se dice que el impacto de un cliente negativo es de 8 a 10 veces superior que el de uno positivo. Así que nada nos salva de una pre-selección cuidadosa. Pero incluso con ese trabajo previo y asumiendo que todos los cursos terminen bien, puede seguir habiendo diferencias entre dos formadores. La diferencia que hay entre unas encuestas con un aprobado raspado y otras con una matrícula de honor. Este es un patrón lógico y recurrente en la vida: aprendemos de la experiencia y recordamos las mejores elecciones.

Pero el símil de la horchata se puede aplicar aquí de muchas formas. Si reducimos la elección a sólo un par de marcas y nos quedamos con la primera que sepa un poco bien, podemos perdernos una tercera o cuarta marca que supere al resto. Además, que un fabricante tenga hoy un buen producto no significa que vaya a mantener esa calidad y sabor para siempre. Incluso marcas de gran fortaleza y medios técnicos cometen errores. No es la primera, ni seguramente será la última vez, que Coca-Cola ha cambiado la receta de su bebida estrella y ha tenido que recular en pocas semanas porque el mercado lo ha rechazado. Este fue el caso, por ejemplo, de la Coca-Cola Life en Argentina en 2013.

Trasladado a nuestro problema con los formadores, si buscas uno y te quedas con el mejor de dos, lo más probable es que te equivoques. A menos que la lista de candidatos sea tan pequeña que no tengas opciones, lo suyo es dedicar un poco de tiempo a estudiar todas las opciones que te lleguen. No se trata de número, sino de equilibrio de costes: elegir un buen candidato puede llevarte una, dos o tres semanas, pero luego puedes rentabilizar ese esfuerzo a lo largo de toda la vida de la relación profesional.

Pero, como en el caso de la horchata, también hay riesgos. Si te quedas con un formador porque es una "opción segura", es muy posible que no te enteres que hay alguien nuevo en el mercado que lo hace mejor. Este problema tiene dos vertientes: la pérdida de oportunidades que acabo de mencionar, que consiste en no darte cuenta de que aparecen mejores opciones para ti, y el estancamiento. Si tu formador sabe que tiene el trabajo seguro, es posible que se acomode y deje de esforzarse en renovar conocimientos y ponerse al día de las novedades del sector.

Yo soy formador, pero no voy a caer en un falso corporativismo de defender a muerte el contrato indefinido e incondicional para nosotros. Los formadores debemos avanzar al mismo ritmo que el mercado, adaptarnos a las novedades y tratar de estar al día. No es el primer coordinador que me comenta que tiene un formador muy bueno, pero completamente desconectado de la realidad, que sólo sabe dar un temario y que no le saques de ahí. Llegará un día en que ese temario dejará de tener demanda y las consecuencias serán negativas para las dos partes: a ti te obligará a volver a buscar, con la dificultad añadida de que no lo habrás hecho en mucho tiempo, y a él le va a colocar en un mercado laboral hostil, en el que no está al día y tendrá muy pocas oportunidades de conseguir nuevos encargos.

Por duro que parezca, la mejor opción para los dos es que incluyas en tu proceso de selección y agenda un cierto control de puesta al día: habla de vez en cuando con los formadores que integran tu círculo habitual y averigua de qué forma siguen la actualidad del sector. La llegada de nuevas peticiones por parte de los clientes puede ser una forma de ponerse al día, pero no es una buena política en general, ya que irías a remolque del mercado, en lugar de llevar la iniciativa.

Truco: trata a tus formadores con dignidad y respeto e invítales a formar parte del proceso de actualización. Una vez al año, pídeles su opinión sobre los temarios que se imparten, qué cambios harían en ellos o qué novedades incluirían. No solo eso, sino que una vez escuchadas sus propuestas, hazles partícipes del resultado. Si el curso es un éxito, que tengan una recompensa; si no tiene salida, díselo de igual forma. Una persona seria y profesional no debe tener inconveniente en afrontar los errores.

De igual forma, al menos una vez al año somete tu agenda a una prueba de estrés: comprueba que siguen siendo las mejores opciones del mercado, trata de hacer una selección sincera en la que busques candidatos que puedan sustituir a tus colaboradores actuales. Como decía más arriba, esto puede parecer duro, pero estamos en una empresa, no en una ONG ni en un asilo de gente perdida. Aquí no montamos empresas para que los colaboradores encuentren un remanso de paz en el que poder pasar unos años de sosiego, impartiendo una y otra vez el mismo temario sin conflictos. Aquí estamos para sacar un negocio adelante, lo que implica responder a las necesidades del cliente y ponerse al día de continuo. Si alguien no puede seguir el ritmo, que elija otro trabajo en el que no se vea sometido a este tipo de exigencias.

Nada de esto va en contra de lo dicho hasta este punto o lo que queda por delante en el libro: no pases faenas al formador, no le hagas peticiones imposibles, pide su opinión antes de comprometerte con un curso nuevo. En definitiva, trátale con respeto, lo que no excluye la exigencia de que sea un profesional al día y preocupado por dar el mejor resultado a los clientes.

En resumen

El formador es el colaborador más importante que tienes en el negocio de la organización de cursos. Es quien da la cara frente al cliente, quien cumple los compromisos que has adquirido, quien resuelve los contratiempos y quien puede proporcionarte información de primera mano para mejorar futuras convocatorias. Seleccionarlo bien es importante y merece la pena que sigas algunas indicaciones:

* Conocer el temario de los cursos es importante, pero no lo único en lo que debes fijarte. Busca referencias de cursos anteriores sobre el mismo temario, trabajos relacionados o certificaciones que acrediten el conocimiento. Pero no conviertas este aspecto en el único objetivo de la selección.

* La cualidad más importante de un formador es la capacidad de comunicar y empatizar con los alumnos. Si quieres hacer una prueba, pídele que te explique algún concepto del temario, evitando los puntos más técnicos o relacionados con productos, y comprueba si sus explicaciones te resultan interesantes.

* Algunos indicadores interesantes para evaluar candidatos son su actividad en redes sociales, grupos de trabajo o iniciativas como escribir una bitácora sobre cualquier tema que les interese; mejor si tiene relación con el temario, pero no es obligatorio. Lo que evalúas es su capacidad de comunicación.

* Los formadores no deben ser expertos, sino conocer el terreno que pisan y tener capacidad de buscar respuestas. Si al seleccionar un formador te preocupa que tenga un conocimiento muy profundo, quizás es que te has metido sin darte cuenta en una consultoría. Si lo que te piden implica hacer un trabajo cuyo

resultado el cliente conserva o vende, seguramente este es el caso.

* Está bien que vayas elaborando una lista de colaboradores habituales, pero una vez al año haz un nuevo proceso de selección, aunque no lo necesites de inmediato, para ver si encuentras nuevos colaboradores interesantes.

* De igual forma, al menos una vez al año pide a los formadores que te pasen su perfil actualizado y que te comenten qué están haciendo para mantenerse al día.

Organización de cursos profesionales

Capítulo 4

Elección del material didáctico

Creo que el material didáctico es uno de los aspectos que más se ha degradado en los últimos años. Cuando yo empecé daba gusto abrir los manuales que te daban los centros de formación. No me refiero sólo a los que proporcionaban los editores de cursos oficiales, como Microsoft o Sun Microsystems, que eran auténticas maravillas, sino incluso con los que elaboraban algunos centros privados como Global Knowledge UK (no en España).

En la última década, a menudo con la excusa de la crisis y la necesidad de abaratar costes en las ofertas, se ha recortado en exceso de este capítulo, mirando el ahorro inmediato que supone no pagar de 20 a 35 € por alumno e ignorando todos los efectos negativos que tiene.

Aunque lo que te voy a contar a continuación no está relacionado exclusivamente con los manuales, es un proceso que ha afectado en general a todo el sector de formación continua para adultos y que conviene entender para saber cómo hemos llegado a esta situación.

Efectos de la crisis en la calidad de la formación

Uno de los problemas que ha generado la crisis es un exceso de oferta en el número de proveedores orientados al mercado de empresas. Hace unos años había una gran demanda de cursos por parte de la administración y los sindicatos, pero cuando la crisis hizo que se redujera el presupuesto para este tipo de acciones, todas las empresas que se dedicaban a ese sector perdieron su fuente de ingresos, de forma que muchas de ellas se volvieron hacia un tipo de cliente al que hasta entonces no habían prestado ninguna atención: la empresa privada. Pensaron que de la misma forma que podían conseguir miles de horas de formación de la administración, podían conseguirlas de empresas con grandes plantillas y se lanzaron a conseguir este cliente de la única forma que sabían hacerlo: bajando los precios a lo bestia.

Se encontraron con que las empresas que tradicionalmente daban servicio en el sector ponían unos precios altísimos, derivados de unos costes "absurdos"; los profesores se pagaban a una media de 30 o 40 € la hora, se incluían "frivolidades" como manuales oficiales y se perdía mucho dinero en aulas con medios demasiado caros como proyectores y ordenadores actualizados. Estas empresas estaban acostumbradas (y lo sé porque he dado clase para ellas) a dar clase en un semisótano, con unas fotocopias que se habían sacado de algún sitio varios años atrás y con un criterio de calidad basado en tres parámetros: que los alumnos firmasen los partes de asistencia, que nadie se diera de baja y que no hubiera quejas.

Si un alumno se pasaba todo el horario de clase mirando alguna web de deportes, chateando o hablando con otro compañero, pero firmaba todos los días y no se quejaba, el curso iba perfectamente. No importaba que no aprendiesen nada, que no se cumplieran los objetivos o que los medios fueran inadecuados. Lo único que importaba es que al final hubiese 13 o 15 firmas de asistencia en un listado de alumnos que permitiera decir: "hemos sacado a 15 personas de la cola del paro y hemos fomentado el reciclaje profesional de la población". En cualquier curso organizado por sindicatos está absolutamente prohibido efectuar cualquier prueba de rendimiento o aprovechamiento académico. Al menos en los que yo he estado, y son unos cuantos. El motivo es que los representantes sindicales se quejan de la tensión que estas pruebas ponen en los asistentes. Por tanto, el resultado de un curso no se medía por su efectividad, sino por el número de personas que asistían a los cursos y justificaban la inversión.

Por ese motivo las máquinas podían ser antiguas, los manuales unas fotocopias con varios años de atraso y en las aulas sólo tenía que haber mesas para apoyar las latas de refresco y el móvil. Con estas directrices, los costes eran mínimos y la forma de conseguir las adjudicaciones era bajar todo lo posible el precio. De donde fuera. Todo se comprende si analizamos el negocio de estas empresas y comprendemos que en realidad no era dar formación, sino justificar horas de asistencia a cambio de una subvención.

Y no es que no hubiera dinero para pagar estas cosas, porque una de las críticas más habituales que se ha hecho a la formación subvencionada es que proporcionalmente era más cara que la universitaria. Lo que pasa es que pudiendo "cumplir el expediente" con esos medios, ¿para qué pagar más? El chollo era fenomenal: el cliente sólo pide hojas de firmas, los alumnos están contentos si les damos el certificado de asistencia y les dejamos usar Internet gratis y el margen de beneficio es enorme.

Claro, llega la crisis y se corta el grifo de la formación estatal. De repente hay que dirigirse a otros prados a pastar y descubren que hay una cosa llamada "empresa privada" que sigue contratando horas de formación. Y los proveedores habituales tienen unos costes muy superiores a los suyos por todo lo que acabo de explicar, de forma que son presa fácil de un ataque con precios a la baja. Aunque ganen menos de lo que estaban acostumbrados con la formación subvencionada, pueden hacerse un hueco con facilidad y mantenerse a flote, de forma que se les enciende la bombilla, se frotan las manos y están convencidos de haber resuelto el problema. Por un momento parecía que estaban en la ruina, pero no, habían encontrado su salvación.

El resultado fue una rápida migración de clientes hacia los nuevos agentes de formación, aunque esta aventura duró poco tiempo. Un curso de empresa no es un curso de sindicato o de fomento del empleo. Aquí no basta con firmar la hoja de asistencia y que la gente no proteste. Aquí se suelen contratar cursos para aplicarlos en proyectos reales y los asistentes no van para que les quiten de las estadísticas del paro, sino que les apartan de su jornada laboral, en la que están realizando un trabajo, para que adquieran una nueva competencia que luego se supone que deben aplicar. Y claro, termina el curso y eso no ha ocurrido, de forma que la satisfacción es muy baja y se vuelven a dirigir a los proveedores de siempre.

Esta relación no es absoluta, claro. No pretendo afirmar que todos los cursos de la empresa privada tengan sanas pretensiones productivas y los públicos sean una pérdida de tiempo. Además no saco aquí el tema para entrar en ese debate, pero déjame decirte, ya que lo he mencionado, que la experiencia me indica que todo lo que se hace por legislación, por cuotas u obligación termina perdiendo el sentido original y no contribuye a nada bueno. Cuanto más pequeña es una empresa, más probable es que la relación entre el persona que la integra sea más horizontal, más cercana. Si alguien pide un curso de formación no es porque "toque" de acuerdo a unas cuotas legales impuestas por ley, sino porque se ha detectado una necesidad.

Algunas empresas decidieron mantener a los nuevos proveedores, sobre todo aquellas cuyo funcionamiento no dependía del resultado conseguido. Otras, al darse cuenta que los cursos que podían obtener por esos precios tan atractivos no tenían nada que ver con lo que habían conocido hasta ese momento, decidieron volver con los proveedores de toda la vida, aunque empezaron a protestar por los costes.

Habían conocido "otro mundo". Habían visto que era posible dar un manojo de fotocopias encuadernadas en espiral y que los asistentes terminaban el curso igual; habían visto que no era necesario tener aulas luminosas sino que era posible dar las clases en un semisótano; habían visto que tampoco era necesario tener proyectores y equipos de última generación en cada puesto, ya que para dar cursos de Word bastaba un PC de finales de los 90. Así que pidieron ajustes para acercarse a los nuevos precios y muchas empresas cedieron y ESE fue un gran error, porque aceptaron competir en precio, cuando hasta ese momento habían competido en calidad y precio con el resto de jugadores del sector. Cuando sólo compites en precio pierdes cualquier rastro de fidelidad con el cliente. Si otro actor hace una oferta más baja no tienes recursos para contestarla. Sólo puedes seguir bajando a base de recortar de donde ya no se puede.

Uno de los primeros sitios en los que se metió la tijera fue en el material didáctico. Tres elementos han marcado el avance de una nueva cultura en la búsqueda de recursos de formación. Veamos.

Primero, la aparición de sitios en Internet en los que se comparten documentos hechos, en el mejor de los casos, de forma voluntaria. Es normal encontrar sitios y foros dedicados a oposiciones, academias y estudios superiores en los que abundan apuntes y resúmenes escritos por alguien que acaba de cursar esa materia. El principal problema es tratar de comparar el libro elaborado por un experto, que tiene años de experiencia, con los resúmenes de un alumno del que ni siquiera sabemos si aprobó la asignatura o se enteró bien de lo que le explicaban. El profesional cobra más porque su trabajo depende de ello; si no lo hace bien, no le encargan otro. El alumno comparte porque busca un reconocimiento inmediato; a menos que el sitio en el que publique incluya algún tipo de sistema de votaciones y comentarios, nada le impide seguir compartiendo ficheros sin que la continuidad se deba a su éxito, sino a su voluntad.

Segundo, la eficacia progresiva de Internet en general y los buscadores como Bing o Google en particular. A finales de los

90 había que tener bastante habilidad para encontrar un manual en cualquier sitio, pero hoy basta escribir las palabras "manual" y "word" para que aparezcan (literalmente) 200 millones de respuestas. En la prueba que yo hice para ilustrar este párrafo, que puedes ver, seis de los primeros diez resultados corresponden a un documento en formato DOC o PDF. Claro, ante esta avalancha ¿quién se plantea seguir gastando dinero en manuales?

Tercero, que ya lo he comentado, esa orientación progresiva de las actividades de formación a satisfacer un compromiso pero no a resolver una necesidad. Cuando el manual es una obligación incómoda y no una herramienta de trabajo, cualquier montón de páginas con algo de contenido es suficiente.

El problema de todo lo anterior es que al final no es verdad que se pueda bajar tanto la calidad sin consecuencias. No es cierto que usar ese montón de hojas sacadas de algún sitio sea igual que usar el material didáctico adecuado. Cuando llega la hora de hacer la evaluación final, muchos alumnos colocan ese material entre los apartados de peor valoración. Claro que, como no se considera un aspecto crítico, tanto los comerciales como los responsables de recursos humanos suelen pasarlo por alto.

El resultado es que se ha generado una cultura de "libro basura", en la que el manual es un "marrón" que hay que resolver de cualquier forma y que normalmente se traslada al formador, que termina cargando con la responsabilidad de aportar algo por lo que no recibe compensación y que a menudo entorpece su trabajo. Eso cuando no intentan colarnos que lo escribamos por completo, que también pasa.

Consulta con el formador

Alguna vez me han dicho que no entienden estas críticas, ya que lo que se hace es pedir opinión al formador sobre el libro que hay que usar, y eso no es correcto. Pedir opinión sería decir: "dime cual crees que es el mejor libro para impartir este curso, o dame un par de alternativas para jugar con el presupuesto". Pero eso implicaría, precisamente, que hay un presupuesto y que se concede al formador la confianza para elegir lo más adecuado.

Lo que ocurre realmente es que te dicen: "pásame algo en PDF que les podamos imprimir o dar en un CD o memoria USB". Este tipo de peticiones confirma esa tendencia general que acabo de comentar: el manual es un requisito molesto que hay que cumplir y cualquier texto relacionado con el temario vale para resolver la papeleta.

Cuidado, que el hecho de que un texto haya sido publicado por una editorial y encuadernado en tapa blanda no implica que automáticamente sea un buen manual didáctico. Precisamente otro de los grandes riesgos que se pueden correr es usar el catálogo de las editoras como un sustituto de la búsqueda en Google, de forma que el primer libro en cuyo título o descripción aparezca algunas de las palabras que definen el curso es el que vale.

El libro "Word 2013" de la colección Guías Prácticas de Anaya es un buen libro de auto-ayuda, pero un mal libro de formación. Sin embargo, son muchísimos los centros que recurren a esta y otras colecciones similares para "cumplir el requisito" del manual. La colección "for Dummies" de la editorial Wiley tiene un diseño mucho más adecuado para dar clase, aunque no podemos llamarlos realmente libros de enseñanza. Pero claro, suelen ser entre un 40% y un 100% más caros. Los libros de Wrox son excelentes manuales de consulta, igual que los de O'Reilly, pero pésimos libros de enseñanza. Los de Packt no están mal en general y suelen ser muy prácticos, igual que los de Sitepoint, aunque tampoco los recomendaría precisamente para dar clase. Eso sí, como libros de continuación son maravillosos. Si das un curso de iniciación al diseño Web y cuando termines te lees "Principles of Beautiful Web Design" (ISBN 978-0980576894, http://amzn.to/1KxB5YQ) seguro que consolidas rápidamente todo lo aprendido en el curso e incluso amplias algunas ideas.

¿Es posible reducir el problema a una cuestión de editoriales? ¿Basta con tomar la decisión de comprar siempre libros de esta o aquella marca para quedarse tranquilo? Pues no. Las editoriales suelen tener unas guías que definen cada colección de una forma bastante concreta. Tienen que hacerlo así, ya que así el lector se forma una imagen de lo que puede esperar de un libro que pertenezca a ella. Lo que pasa es que incluso con esas directrices, la libertad de cada autor hace que pueda haber variaciones importantes. Incluso un mismo autor puede tener altibajos.

Hay que tener mucha práctica en leer libros técnicos para darte cuenta de ciertas cosas. Por ejemplo, el libro "Solaris 10, The Complete Reference" de Osborne (ISBN 978-0072229981, http://amzn.to/1J8nfvP) es un ejemplo clásico de libro con muy buen aspecto pero pésimo contenido. Sólo si sabes un poco de administración de Solaris te das cuenta de que en realidad se escribió para Solaris 9 y que se modificó para incorporar algunas referencias de la siguiente versión. En Solaris 10 se introdujo una cosa llamada SMF, que sustituye casi por completo el mecanismo tradicional de control de niveles de ejecución de UNIX por directorios RC. Si no incluyes ese cambio en un libro, no puedes explicar cómo funciona Solaris 10. No te preocupes si no lo entiendes; precisamente lo que quiero decirte es que sólo un formador que conozca la materia puede darse cuenta de esas cosas y que no todos los libros, por el hecho de tener la palabra "Solaris" en la portada, sirven para dar clase de ese sistema operativo.

Por tanto, ninguna búsqueda improvisada, como la que hemos hecho hace unos momentos buscando "manual" y "word" en

Google, va a servirnos para encontrar un texto de formación adecuado, de la misma forma que un sello que ha gozado de cierto prestigio como Osborne tampoco garantiza que todos los libros que publique sobre la materia son de fiar.

¿En qué hay que fijarse entonces? Voy a tratar de darte algunas pistas para seleccionar o elaborar un buen manual de formación.

Cinco características del material didáctico

Si quieres saber cómo debe ser un buen manual de formación, intenta conseguir uno de Microsoft y échale un vistazo. En su defecto, te recomiendo los que hacía Sun Microsystems antes de que la adquiriese Oracle. Eran excelentes.

Veamos, ya que hemos hablado de Solaris 10, el manual del curso SA-100-S10, "UNIX Essentials Featuring the Solaris 10 Operating System". Sólo se podía adquirir como parte del material que te daba la empresa al contratar un curso o, como en mi caso, si eras profesor de los cursos oficiales. Pero es un manual antiguo y es fácil de encontrar en Internet; además no quiero centrarme en ningún producto actual porque lo importante es ver su estructura.

Haz una búsqueda con los términos "sa-100-s10 pdf" y seguro que encuentras bastantes enlaces al PDF. Ocupa algo menos de 2MB. Ese manual es casi perfecto. Le faltan un par de cosas, pero en general es una buena referencia.

Si damos por descontado que cualquier libro más o menos organizado es progresivo en su forma de exponer los conceptos que cuenta, éstas son las cinco características clave que debe tener un manual:

1. El contenido está planificado.

En la página 16 del fichero, que corresponde a la descripción del curso, encontrarás un diagrama de contenidos. Es algo más que un índice; es un mapa que te dice de dónde sales y a dónde vas, cómo están estructurados los contenidos y qué vamos a ir viendo. Esta es una gran diferencia entre los libros que puedas comprar en cualquier sitio (o unos apuntes descargados de Internet) y un manual didáctico: establecen un guión de trabajo para que el alumno sepa por dónde va el formador, por qué le dedica tiempo a cada punto del temario, qué viene antes y qué va después. No es sólo que halla una página en donde aparezca el diagrama, es que el manual está elaborado de una forma que comprende esa orientación pedagógica. Algunos manuales tienen hasta un calendario con una previsión del tiempo que se va a dedicar aproximadamente a cada módulo.

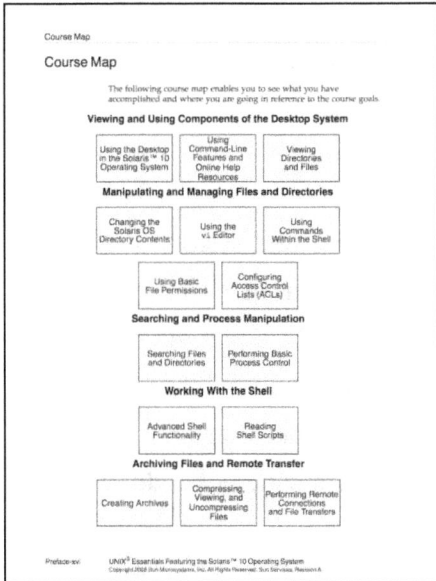

Ponte por un momento en el lugar del alumno y piensa en la tranquilidad que acabas de ganar. En muchos cursos los asistentes nos preguntan que si va a dar tiempo a ver cierto punto del temario que les interesa. En un curso planificado, con un manual que lo contemple, esa duda desaparece y proporciona tranquilidad a ambas partes: a quien recibe y a quien da.

2. Cada unidad empieza y acaba reforzando los objetivos.

El objetivo de la formación es la transmisión de conocimientos, por lo que antes de empezar cada módulo resulta muy útil saber a qué hay que prestar atención. En la página 25 del fichero, que corresponde a la 1-1 de la numeración, vemos una introducción al módulo 1, en la que se indican con claridad los objetivos:

- Describir el sistema operativo Solaris.

- Describir los componentes físicos de una computadora.

- Describir los componentes de Solaris.

- Describir la distribución SunOS.

- Aprender a iniciar una sesión en el sistema.

- Utilizar el escritorio de trabajo.

El objetivo de la unidad didáctica es simple: conocer Solaris, el entorno en el que se ejecuta y como iniciar una sesión en él. Durante los próximos 40 minutos vamos a ver qué es eso de UNIX, qué componentes tiene, en qué se diferencia una maquina SPARC de un PC, cómo se arranca el sistema y qué es lo que nos vamos a encontrar en la pantalla cuando termine el proceso, de forma que podamos empezar a trabajar. Ahora sabemos a dónde vamos.

Al final de la unidad debería venir un bloque de conclusiones o resumen, en el que se volviesen a recordar esos objetivos y se remarcasen las ideas más importantes que se han aprendido en la unidad. Este es uno de esos dos "fallos" que señalaba hace un momento para este manual, ya que no incluye ese resumen final. Cuando está, ayuda al formador a recuperar la atención de los alumnos, si es que alguno se ha despistado durante la explicación, y confirmar qué es lo que deberían haber aprendido. Es un momento excelente para preguntar si alguien tiene dudas. El objetivo no es "pasar" por el contenido, sino asegurarse de que los asistentes lo han asimilado.

3. El texto contiene elementos de apoyo.

En la página 40 del manual, que corresponde a la 1-16 de la primera unidad didáctica, vemos un texto enmarcado por dos líneas horizontales en el que se lee: "Nota - El usuario root tiene la habilidad de desbloquear la pantalla de acceso al escritorio sin la contraseña del usuario".

Estas notas puede que no parezcan muy importantes y a menudo están mal escritas. Si repiten lo que ya se dice en el texto, están mal. La función que deberían tener esas notas, como la que acabamos de leer, es meter anécdotas, curiosidades o trucos relacionados con el texto. Añaden un toque de profesionalidad al contenido y, de nuevo, son un gran apoyo para el formador que tiene la oportunidad de leerlas rápidamente, aprovecharlas para contar su propia experiencia o meter otras curiosidades en la explicación. Es la diferencia que hay entre un libro técnico y un libro didáctico. Un libro técnico puede ser bueno para profundizar en un tema, pero no tiene que ser didáctico, ya que tienen páginas y páginas de texto que lees de corrido. Esos incisos rompen la monotonía y ayudan a recuperar la atención de los alumnos, aparte por supuesto de que lo que cuenten, como en este caso, sea interesante en si mismo.

4. Se complementa con una presentación visual.

Una presentación es lo que se llama comúnmente "un pogüerpoin", por la popularidad del programa de presentaciones Power Point de Microsoft. El manual es una guía, pero la clase no consiste en leer al pie de la letra lo que pone ahí. Si fuera así, bastaría con dar el libro y el curso estaba terminado. No, el manual es una herramienta para desarrollar las explicaciones; lo que el formador aporta, como dije en un capítulo anterior, es su capacidad didáctica. Por este motivo los alumnos levantan la mirada y buscan la figura del formador, que gesticula, se mueve y trata de apoyar sus explicaciones con todo lo que tiene a mano, normalmente una pizarra blanca y rotuladores de colores.

Una presentación visual que vaya marcando los puntos fundamentales de la unidad es una ayuda de gran importancia. Incluso en los cursos en los que hay que "demostrar" cosas, como programación, diseño gráfico o redacción de textos con Word, viene bien un guión gráfico con notas, capturas de pantalla y gráficos de apoyo.

5. Tiene ejercicios y soluciones detalladas a los mismos.

En la página 52 del fichero, que corresponde a la 1-28 de la primera unidad, empieza una sección de ejercicios y prácticas muy detalladas, que es una de las grandes ventajas de este libro. Empieza por describir brevemente qué es lo que se va a hacer y continuación desarrolla una serie de ejercicios paso a paso a paso en los que no es necesaria la intervención del formador.

Estos ejercicios se dividen en dos tipos: aquellos en los que hay que aplicar el conocimiento adquirido, por ejemplo respondiendo a una pregunta o emparejando conceptos, y aquellos en los que hay que realizar una serie de tareas, como abrir una sesión en el sistema o se cambia el color de fondo del escritorio. Todos los ejercicios se describen con detalle y hay espacios subrayados para anotar las respuestas donde son necesarias.

Un detalle especialmente bueno es que al terminar la sección se incluyen las respuestas. Personalmente preferiría que estuviesen al final del libro o en un cuadernillo separado, para evitar la tentación de ir a mirarlo de inmediato. Pero esta disposición también es buena y en un momento dado no podemos obligar a nadie a aprender si no quiere. En mis cursos insisto en que hay que esforzarse todo lo posible en resolver las prácticas sin consultar al formador ni la clave de respuestas, pero en definitiva la motivación es algo de cada uno.

En muchos cursos también hay un conjunto de recursos asociados a las prácticas, como ficheros de datos, programas, máquinas virtuales e incluso dispositivos físicos, que se pueden utilizar para que sean más efectivas. Todo depende del temario y de la editorial.

Esta sección de ejercicios es una ayuda enorme para el formador y para el alumno. Al formador le da la oportunidad de descansar la voz, de relajarse un poco de los bloques explicativos en donde tiene que controlar a su auditorio, desarrollar el temario y resolver las dudas e incidencias que van surgiendo. Un formador al que se le facilitan ejercicios y recursos no es un vago, ya que su trabajo no es estar hablando sin parar las 3, 4 u 8 horas seguidas que dure cada jornada de formación, sino controlar el desarrollo del curso para que cumpla las expectativas. Primero, explicando conceptos; segundo, resolviendo dudas; tercero, guiando en los ejercicios, pero nunca haciendo los ejercicios en lugar de los alumnos ni aprendiendo por ellos.

Puede ocurrir, por ejemplo, que alguien te pida una aclaración sobre cierto punto del contenido que no recuerdas, pero sabes donde localizar. El tiempo de ejercicios puede ser un buen momento para sentarte y buscar los recursos con los que resolver esa duda. Nadie se molesta porque le digas: "mientras resolvéis los ejercicios, voy a buscar datos para responder a este asunto y al terminar lo compartimos". Estás dando una solución. ¿A quién le molesta? Recordemos que un formador no es un experto, sino un divulgador que conoce el temario con más o menos profundidad.

Tener las respuestas y las prácticas detalladas ayuda a reducir el número de dudas e incluso debates. A veces te toca un alumno conflictivo que te discute una respuesta o una solución; si está en el libro, es una forma de evitar el conflicto. Puede haber una errata, claro, pero en mi experiencia son muy pocas y si te lo señalan con normalidad no debe haber problemas en reconocerlo y concederle el mérito al alumno. De hecho, si lo hace demuestra que ha asimilado los conocimientos que se imparten, que es el objetivo del curso.

Para el alumno, esos mismos ejercicios detallados le permiten adaptar el desarrollo de las prácticas a su ritmo. Algunos los entienden a la primera y casi no necesitan indicaciones y otros se pierden con facilidad. Un manual como el que estamos analizando responde a todos esos casos. Y si alguien no puede terminar en el tiempo medio que hay reservado para cada unidad, siempre puede retomar la práctica en ese punto con facilidad, ya que basta con hacer una marca para recordar dónde se dejó.

Ejemplos prácticos

Vamos a ver cómo aplicar estos criterios en libros reales.

Hace poco me propusieron el libro "Oracle Database 11g Release 2 Performance Tuning Tips & Techniques" (ISBN 978-0071780261, http://amzn.to/1U4s0M7) para impartir un curso de optimización de Oracle, lo cual agradecí a la empresa por el esfuerzo realizado. Tengo que decir que es un centro que se suele preocupar bastante de hacer las cosas bien y que lleva décadas en el mercado. Me lo llevé, lo estudié un par de horas y al día siguiente lo devolví indicando que no servía para nada en la realización del curso.

Fíjate en el título: "trucos y técnicas de optimización". Esto no es un libro de aprendizaje. Son 1.140 páginas de trucos y consejos para que alguien que ya sabe administrar una base de datos Oracle 11g pueda optimizarla. Has leído bien: mil ciento cuarenta páginas, con una letra pequeña de esas que hacen que cada página te lleve de 15 a 20 minutos de lectura, si es que la entiendes. Es un libro de consulta excelente, pero carece de los atributos de un manual:

* No sigue un guión progresivo de aprendizaje.

* No incluye ejercicios.

* No se puede utilizar como guía en un seminario de 25 a 40 horas.

* No va acompañado de una presentación que facilite el seguimiento de las explicaciones.

En definitiva: es un buen libro de trabajo, pero no es un libro de enseñanza. Este es el típico ladrillo que se entrega el primer día en clase y nadie vuelve a tocarlo. Todo el mundo coincidirá en que es maravilloso y muy profundo, pero seguro que nadie lo abre.

Los manuales de formación no deben ser profundos; deben ser progresivos, fáciles de entender, explicativos, gráficos... pero no profundos.

A estas alturas es posible que pienses que soy muy difícil de contentar y que va a ser casi imposible encontrar un libro que me parezca bien. Pues sí y no. Soy difícil de contentar, eso es cierto, pero porque llevo muchos años dando formación y sé qué es lo que te ayuda y lo que te dificulta dar un curso con éxito. Un manual de compromiso no te ayuda en nada. Pero hay muy buenos textos por ahí, sólo hay que saber buscar.

Por ejemplo, "Head First PMP, 3rd Edition" (ISBN 978-1449364915, http://amzn.to/1JvmvGv) es de lo mejor que me he encontrado para aprender dirección de proyectos. Basado en la guía del Project Management Institute "A Guide to the Project Management Body of Knowledge, 5th Edition" (ISBN , http://amzn.to/1fvebIM), es un libro entretenido que he usado varias veces en cursos de introducción a este temario. Veamos sus características:

* Es progresivo; los conocimientos se van explicando de forma que se apoyan unos en otros. No es un conjunto de procedimientos sueltos.

* Tiene ejercicios; no de forma organizada al final de cada capítulo, pero si en forma de pequeñas actividades aquí y allá, como crucigramas o relación de conceptos, que sirven para afianzar lo aprendido.

* Cada capítulo se abre y se cierra con un resumen de lo que se explica en él.

* Es didáctico; el tono es entretenido y lleno de ejemplos que ayudan a comprenden los conceptos que se explican.

* No es profundo; comparado con cualquier libro sobre el PMBoK, esto es un manual de bolsillo, a pesar de que tenga casi 900 páginas.

En conclusión, es un buen libro de aprendizaje, tanto individual como guiado por un formador.

Claro, yo entiendo lo que se te puede estar pasando por la cabeza: este libro no cuesta los 15 € de un manual de bolsillo ni los 2 o 3 € de unas fotocopias encuadernadas. Pues no, pero en lugar de pensar que cuesta entre 40 y 50 € (depende del canal y librería que escojas) piensa en la mejora que puede tener la satisfacción de los asistentes si empezamos a acumular diferencias desde que hemos empezado este libro: un temario ajustado a sus necesidades y no uno cogido de un catálogo genérico, un formador con dotes de comunicación en lugar de otro que recita páginas y páginas de datos y un manual con prácticas y explicaciones que ayudan a entender los conceptos, en lugar de unas fotocopias que es evidente que podían haber descargado ellos mismos de Internet. Las posibilidades de que vuelvan a contratarte en el primer caso son bastante elevadas, mientras que en el segundo perderás el cliente cuando alguien les ofrezca lo mismo por 10 € menos.

Entonces, ¿cómo controlamos los costes? ¿Cómo podemos hacer para encontrar un equilibrio entre un material adecuado para las funciones que debe cumplir, pero ajustado para no penalizar el presupuesto en exceso?

Cómo determinar el precio del manual

Un fallo habitual es fijar una cifra para cualquier manual, como decidir que los libros deben estar siempre en torno a los 15 €. Eso es irreal. Un libro de ofimática puede costar 12, 15 o 40 €, depende de su contenido y calidad. Un libro de diagnóstico por imagen puede costar 50, 70 o 130 €. Son mercados distintos y no podemos establecer una referencia fija para todas las convocatorias. Es necesario saber qué valor de mercado tiene ese conocimiento y cuál es el precio adecuado para un manual que cubra el temario propuesto.

Hay una método sencillo de aplicar para la selección de proveedores, que consiste en pedir tres presupuestos y quedarse con el más cercano al punto medio. ¿Cómo lo aplicamos en nuestro caso?

El primer paso consiste en aceptar, según lo que acabamos de ver, que la elección del manual no es un proceso que deba dejarse al azar, como coger el primero que aparezca en una búsqueda en Internet, o hacerse sin conocimiento de la materia. Si has encontrado al formador adecuado para tu curso, confía en él para que te aconseje sobre los recursos para impartirlo. Por tanto, pídele que te proponga el material, pero de acuerdo a las siguientes reglas:

1. Debe proponerte tres manuales distintos. No importa el precio, sólo que cumpla los requisitos que acabamos de explicar.

2. Pídele que, por cada libro, te adjunte una breve explicación de por qué es una buena opción para el curso que hay que dar. No tiene que ser un informe de dos páginas; basta con un par de párrafos, pero tienen que ser convincentes y redactados por el formador. No basta con copiar el texto promocional del libro.

3. Indica que tiene libertad para seleccionar el origen y proveedor. Puede incluir libros gratuitos disponibles en Internet, si son legales y cumplen los requisitos.

4. Con toda esta información, calcula el precio medio de los tres. El que esté más cerca de ese precio es tu elección.

Podrías decirme que a veces el mejor puede ser el más caro. O el más barato, no lo sabes. Bien, lo que intentamos es buscar un método que sirva en la mayoría de los casos. En condiciones normales, si los tres títulos elegidos son realmente equivalentes en calidad y contenido, el cálculo del precio medio nos da la referencia del mercado para esa temática y, por tanto, un libro cercano a ese valor es una elección sensata y no una baja temeraria. Pero sí, es cierto que a veces puedes encontrarte con casos en los que no se cumple esta regla, o que sólo se encuentran dos manuales por mucho que se busque. No caigas en la falacia de usar un caso extremo para invalidar un método válido.

Las excepciones son eso, excepciones y se pueden resolver con facilidad, porque hemos dicho que hay que pedir al formador un comentario para cada propuesta. Recuerda que se trata de un servicio y que estás elaborando un presupuesto para un cliente. Como proveedor tu misión es darle la mejor solución con honradez y transparencia. Si el mejor libro es uno de 50 €, díselo aunque las otras dos opciones cuesten sólo 12 €. Pero que esté bien argumentado. ¿Crees que le va a importar si cuando termine el curso le has resuelto el problema? Encontrar proveedores fiables es muy difícil hoy en día, así que no construyas tu prestigio en torno a presupuestos baratos, sino en torno a consejos fiables. Si en estas condiciones de verdad no puede permitirse pagar esos 15 o 30 € de diferencia, que te lo diga, que decida él. Al menos tú le habrás dado un buen consejo y ESO es lo que debes vender. No el libro, si no tu profesionalidad.

Llegados a este punto, espero haberte convencido un poco de que no merece la pena dar manuales fotocopiados, sacados de cualquier foro, a base de presionar al formador para que te los consiga gratis. Puede que recortes 20€ por alumno en el presupuesto, pero el resultado es como ir a una pizzería a cenar y que te preparen una pizza precongelada de las que se compran en el supermercado. Para comer lo mismo que puedes preparar en el microondas de casa, ¿por qué vas a pagar nada al del restaurante? Exactamente eso mismo es lo que pasa con el manual. Si el cliente se da cuenta de que lo has fusilado de Internet, ¿por qué va a seguir pagándote por ese servicio? ¿Ha contribuido a que le resuelvas el problema por el que acudió a ti? ¿O le has demostrado que puede conseguir lo mismo que le das en cualquier otro sitio y puede que hasta más barato?

En resumen

El manual es un elemento del curso que en los últimos años se ha convertido en compromiso incómodo para la mayoría de los centros de formación, cuando podría ser una herramienta importante de fidelización. Un buen manual ayuda al formador a hacer su trabajo y facilita el aprendizaje de los alumnos. Acuérdate de seguir las cinco recomendaciones básicas al elegir uno:

* El contenido está planificado y presenta los puntos del temario de una forma progresiva.

* Las unidades didácticas empiezan y terminan con índices y resúmenes que confirman los objetivos que se van a ver.

* Es muy deseable que tengan elementos visuales de apoyo, como una presentación gráfica que ayude a desarrollar el temario.

* Busca si tienen elementos de apoyo, como citas, trucos o advertencias, que rompan la monotonía y aporten información práctica.

* Es importantísimo que cuente con ejercicios y sus soluciones. De nuevo, es un recurso que ayuda al formador y tranquiliza al alumno.

* Recuerda que de la misma forma que el profesor no tenía que ser un experto en la materia, el libro no tiene que ser la "Biblia". Sólo tiene que transmitir bien el temario que te has comprometido a dar.

* Con estos criterios en mente, pide al formador que vaya a impartir el curso que te proponga tres manuales que puedan ser-

vir como material didáctico. Cada propuesta debe venir acompañada de un comentario en el que explique por qué la ha incluido.

* En ausencia de un recomendación explícita sobre una de las tres opciones, toma el precio medio como una referencia de mercado y quédate con el manual que esté más cerca de ese precio.

En el dominio wikibooks.org puedes encontrar una guía con recomendaciones para escribir manuales didácticos, que puede darte más ideas sobre qué hay que buscar en este tipo de libros (http://bit.ly/1Kbde5f).

Capítulo 5

Diseño y preparación del aula

Todo lo que te he contado en el capítulo anterior sobre la cultura basura de los manuales se puede aplicar a las aulas. A diferencia del material didáctico, las aulas sí que suelen tener una regulación administrativa, que especifica aspectos como el número máximo de alumnos por sala, el espacio que debe tener cada uno de ellos, algunas características generales y material básico de trabajo. El problema es que estas indicaciones son muy genéricas y suelen estar basadas en aspectos relativos a seguridad e higiene en el trabajo, no a aspectos metodológicos. Así, la normativa suele especificar que debe haber una impresora láser por aula y un espacio de dos metros cuadrados por alumno, pero no hace ninguna referencia a los medios audiovisuales recomendables para que los cursos salgan bien. El resultado son aulas y centros que cumplen la normativa, pero que no tienen que ser el mejor sitio para estudiar. Por ejemplo, ninguna normativa hace referencia al aislamiento acústico entre aulas y te puedo asegurar que es muy difícil dar clase si tienes al lado un local deportivo con la música a todo volumen o una clase de producción de vídeo.

Quiero avisarte, por cierto, de que este es el capítulo más largo del libro. Vamos a ver muchos aspectos que afectan a la configuración de las aulas, desde la luz a la climatización. Puede ser un poco más pesado que los anteriores, pero piensa que también puedes encontrar un montón de trucos y recomendaciones para prevenir problemas en los que a lo mejor no habías pensado nunca. Vamos con ello.

Cuando se convoca un curso, suele haber tres escenarios típicos en lo que se refiere a las aulas:

* Lo más normal es usar una habitación específicamente diseñada para ser un aula de formación. Esto quiere decir que tendrá mesas, una pizarra blanca, a veces un proyector multimedia y normalmente mesas alineadas frente al puesto del formador, con equipos informáticos o los recursos necesarios para desarrollar las clases.

* La segunda opción más común es que se use una sala de reuniones en las oficinas del cliente, en el caso de cursos a empresas y organismos públicos. Esta opción suele ser bastante mala. Se suele recurrir a ella alegando que de esa forma el cliente se ahorra un dinero en concepto de alquiler de aula o que el tiempo de traslado entre esas oficinas y el centro de enseñanza es una pérdida de tiempo que no se puede permitir. En mi experiencia suele ocultar un deseo de control por parte de ese mismo cliente que no quiere renunciar a la posibilidad de sacar a los participantes del aula en cualquier momento, si lo considera necesario. Soy el primero en comprender que las aulas suelen ser caras, pero hay un motivo para ello. Si están bien diseñadas y preparadas, contribuyen enormemente en el éxito de la acción formativa y ese es el valor que hay que vender; no el coste que tienen, si no los problemas que resuelven y los recursos que proporcionan. Como veremos en las próximas páginas, una sala de reuniones suele carecer por completo de esas ventajas.

* La tercera opción con que me he encontrado, la menos habitual y la peor de todas, es dar clase en el entorno de trabajo cotidiano, como las mesas de los empleados o la sala de ordenadores en donde están los servidores de la empresa. Creo que no debo insistir mucho para convencerte de que dar clase en el mismo sitio donde se trabaja, con gente dando vueltas, llamadas e interrupciones de todo tipo, no es el mejor entorno para dar cursos. Voy un paso más allá y te digo que si el cliente insiste en que lo hagas ahí, lo más seguro es que estén tratando de colarte una consultoría enmascarada de formación.

Te recuerdo que muchos de los ejemplos que doy están relacionados con las tecnologías de la información y la dirección de proyectos, porque son las áreas en las que más me muevo, pero que las recomendaciones que te doy deberían poder adaptarse con facilidad a cualquier ámbito de la formación. Si en lugar de cursos de Word o Excel hablamos de cursos de pintura o jardinería, cambia el puesto de trabajo con "un ordenador con monitor amplio" por "una mesa con utensilios de dibujo" o "herramientas de jardinería". El principio de que el formador debe tener una visión clara y general de todo el grupo, que veremos en seguida, se aplica a cualquiera de esos ámbitos.

Para los efectos de este manual, y teniendo en cuenta ese criterio que ya hemos debatido extensamente en el capítulo anterior de que lo más barato no tiene por qué ser lo más adecuado, vamos a centrar los requisitos en cinco aspectos:

1. Ergonomía, relacionada con las condiciones que reducen la fatiga.

2. Disposición, relacionado con el movimiento de las personas.

3. Medios de enseñanza, relacionado con aquellas herramientas que mejoran la eficacia de las explicaciones.

4. Descanso, relacionado con las pausas durante la jornada de estudio.

5. Normas de uso y convivencia, relacionadas con el uso común que se hace de las instalaciones.

Las recomendaciones que te voy a contar no tienen nada que ver con la normativa, sino con las necesidades de crear un ambiente adecuado para concentrarse y sacar el máximo rendimiento del tiempo de enseñanza.

Recomendaciones de ergonomía

La ergonomía es el conjunto de prácticas que reducen la fatiga en el trabajo. Puede que encuentres definiciones más técnicas, pero esencialmente se trata de eso. Uno puede escribir apoyado en cualquier silla y mesa, pero si la altura de ambas se combinan de forma que los antebrazos queden casi horizontales, de forma que no haya que levantar las manos, el cansancio se reduce mucho y en lugar de empezar a moverte inquieto a los 40 o 50 minutos, seguramente puedas escribir de continuo un par de horas.

El aula es un sitio en el que se pasan muchas horas y todo lo que genera cansancio es motivo de distracciones que penalizan la eficacia del curso. La luz, el mobiliario, el ruido ambiente, los ordenadores, el espacio disponible para moverse, todo son factores que contribuyen mejorar o empeorar la comodidad del alumno. Y del formador, porque no es el primer sitio que me encuentro en el que se presta mucha atención a las características del puesto de trabajo de los asistentes y al formador se le deja en una esquina, a veces sin mesa e incluso sin silla. En serio, me lo he encontrado. Y tienes que recordar que el formador es la persona más importante del curso. Sí, más que el alumno. El alumno paga, o alguien en nombre del alumno, pero el formador hace eso por lo que se paga: transmitir conocimientos. Sin alumno no hay curso. Seguro. Pero sin formador, los alumnos no vuelven. No esperes que las cosas salgan muy bien si le tienes machacado con un aula en la que no puede sentarse o en la que no tiene mesa. A menos que diga lo contrario, todo lo que viene a continuación se aplica por igual a los asistentes y al formador.

La ergonomía suele formar parte de las normas de prevención de riesgos laborales y seguridad en el trabajo, de forma que si buscas más información, te recomiendo que leas la normativa de este tipo que se aplique en tu área de residencia. La normativa contempla aspectos que no se te ocurren a la primera, y constituyen una buena "lista de control" para repasar las características del aula antes de empezar. Pero no lo cubren todo y suelen prestar más atención a mínimos legales que a los aspectos prácticos del problema. La norma te dirá que la mesa debe tener unos 700 mm de alto en el tablero, pero no te dirá que evites las mesas de material aglomerado baratas, ya que tienden a perder el revestimiento con el uso y formar astillas en los bordes.

Los principales aspectos que afectan a la ergonomía son los siguientes:

El puesto de trabajo

El mobiliario que se suele poner en las aulas proviene de fabricantes de muebles de oficina que, por lo general, tienen en cuenta la normativa de riesgos laborales. Como te decía hace unos momentos, elige a alguien que tenga una estatura media (170 cm) y pídele que se siente con los brazos apoyados en el tablero. Si el antebrazo no queda bien paralelo al suelo es que la mesa es demasiado alta o baja. Una silla regulable en altura puede ayudar a ajustar este detalle en las oscilaciones de talla que haya con personas que midan desde 150 cm hasta 190 cm. Un tablero alto obligará a levantar los hombros y generará dolores musculares; un tablero bajo obligará a encorvar demasiado la espalda y generará dolores lumbares.

Lo de las sillas es una aventura. De verdad que es muy difícil encontrar una silla cómoda que se ajuste a las características de todo el mundo, por lo que te recomiendo que busques aquellas que tengan varios grados de ajuste, de forma que cada uno pueda acomodarla a sus dimensiones y postura de trabajo. He notado que las que tienen apoyo lumbar son un poco más cómodas, igual que las que tienen antebrazos con una superficie ancha de apoyo.

Si tus cursos implican el uso de tecnologías de la información, que hoy en día es casi todo menos manualidades, artes plásticas y profesiones mecánicas, el puesto de trabajo incluirá un terminal informático de algún tipo. Lo normal es que se trata de algún sistema de sobremesa con torre, teclado, ratón, monitor y conexión a red. En cursos especializados, como los de diseño gráfico, animación o producción musical, seguramente habrá periféricos especializados, como una tableta digitalizadora, un teclado controlador de música o una mesa de mezclas. El tema ha cobrado tanta importancia que la computadora es ya un elemento imprescindible en muchos ámbitos, por lo que le vamos a dedicar más atención en el siguiente capítulo.

Aquí voy a prestar atención sólo a los aspectos ergonómicos y te recomiendo que te fijes en tres cosas:

Primero, usa monitores grandes, lo más grandes que te puedas permitir. Hay muchos cursos en los que se tiene que prestar atención a decenas de elementos en pantalla, como iconos, mensajes, menús de texto, etc. Cuando más pequeño sea el monitor, más habrá que forzar la vista para leerlos y más cansancio generarán en los alumnos y el formador. Mi sugerencia es que uses monitores de 21 o 22 pulgadas de diagonal, como mínimo.

El brillo de los monitores suele ser un problema importante, ya que hay gente a la que le gusta tenerlos muy brillantes. Los estudios sobre ergonomía ocular revelan que el cansancio (y los dolores de cabeza) proceden del esfuerzo continuo que supone variar la distancia de enfoque y ajustar la apertura del iris cada vez que una persona cambia el objeto en el que concentra su mirada. El monitor estará a medio metro, es brillante y está en posición vertical; el teclado está a 30 o 40 centímetros, es mate y está en posición horizontal, casi lo mismo que un libro o un cuaderno de apuntes; el formador está a una distancia de 2 a 6 metros de distancia, es mate, se mueve y está en posición vertical; la pantalla de proyección, la pizarra, las ventanas... todos esos objetos están a distintas distancias y tienen brillos muy diferentes. Cuanto menor sea la diferencia entre ellos, menos cansancio sufrirán los alumnos.

En el caso de los monitores, la recomendación es muy sencilla: ajústalos de forma que tengan un brillo semejante a los objetos situados por detrás de él. Eso quiere decir que si detrás del monitor hay una pared a dos o tres metros, no deberías notar casi ninguna diferencia de brillo entre la pantalla y la luz reflejada al fondo. Esta regla se aplica a cualquier pantalla que uses, no solo a las del aula: el televisor en casa, el portátil, tu puesto de trabajo habitual e incluso el móvil. Haz la prueba y notarás dos cosas: por un lado, te va a sorprender que no es necesario tenerlos tan brillantes como suele ser habitual y, segundo, a medio plazo notarás que es más cómodo mantener largas sesiones de trabajo. Al principio protestarás (y los alumnos del aula) por que no estás acostumbrado, pero a medio plazo notarás esa mejoría. Piensa una cosa: casi todo el mundo coincide en que es mejor leer en papel o en un libro electrónico que en las pantallas convencionales de LED o LCD. ¿No te has dado cuenta de que, entre otras cosas, tanto el libro impreso como el electrónico son mates y tienen el mismo brillo que todo lo que les rodea? Reflejan la luz que incide en ellos con normalidad y el ojo no tiene que hacer esfuerzos para acomodar el brillo que recibe. Haz la prueba y me lo cuentas por correo electrónico si quieres.

Segundo, usa teclados y ratones con cable. Ya sé que los inalámbricos con muy chulos y que la mesa queda un poco más limpia quitando esos dos cables, pero también tienen inconvenientes, como la necesidad de recargarlos continuamente o cambiarles las pilas. Si, es cierto que las pilas duran mucho, pero mira... pongamos que las pilas duran dos meses. Bien... es bastante. Pero ahora piensa en que no tienes UN teclado; tienes un teclado, por 10 o 15 mesas, por 3 o 4 aulas, lo que totaliza entre

30 y 60 teclados. Si las pilas se agotan cada dos meses, eso quiere decir que vas a tener una queja cada dos días. Haz los cálculos para tu centro y mira qué número te sale. Así que, deja los teclados de toda la vida, que son más baratos y te van a dar menos problemas.

Tercero, compra ratones de dos tamaños: grande y pequeño. ¿No te habías dado cuenta de que hay varios tamaños? Pues así es. Los seres humanos medimos una media de 160 a 170 centímetros de alto, pesamos unos 60 a 70 kilos y tenemos unas manos de unos 19 centímetros de largo. Pero hay variaciones. Por ejemplo, la mano izquierda es normalmente medio centímetro más larga y las mujeres suelen quitar casi dos centímetros a estas medidas. Por si no es suficientemente complicado, estos datos oscilan entre razas y zonas del mundo, de forma hay países en donde es posible que haya hasta un 15% de diferencia con los valores que te acabo de dar. Por fortuna, no tienes que preocuparte de investigar los datos biométricos de la población en tu país, ya que los fabricantes de ratones lo han hecho por ti; comprenderás que no van a poner decenas de miles de aparatos en el mercado sin haber comprobado antes que se ajustan a la población a la que se dirigen. Basta con que recuerdes que hay manos normales, grandes y pequeñas.

Es posible que alguna vez hayas utilizado uno de esos ratones diminutos para portátiles que son muy monos, llevan el cable enrollado y tienen casi la mitad de tamaño que los de sobremesa. Si los has usado más de 10 o 15 minutos habrás empezado a notar un dolor espantoso en la mano que hará que casi tengas que soltarlos de golpe. El motivo es el agotamiento muscular que producen. Pon la mano encima del tuyo y deja caer el pulgar y el meñique con naturalidad a ambos lados. Verás que lo normal es que en esa posición esos dos dedos rocen la carcasa del ratón, lo que permite que lo desplaces con un leve movimiento. Casi no tienes que hacer fuerza. Pero con un ratón pequeño lo que pasa es que tienes que hacer un esfuerzo continuo para mantener el contacto, ya que pulgar y meñique caen muy lejos del cuerpo del ratón. En esas condiciones, desplazar el ratón exige un esfuerzo adicional y al cabo de unos minutos la tensión muscular es tan grande que produce ese dolor. La biomecánica es un poco más compleja, pero en esencia se trata de lo que te acabo de decir.

La conclusión práctica es que compres ratones de tamaño medio para todo el mundo, y que añadas algunos de tamaño reducido para alumnos que tengan dificultades; por ejemplo, uno por aula.

Si, hemos hablado de los problemas que dan los ratones pequeños. Ese problema no le vas a tener a menos que entre en clase un individuo de más de dos metros y no son muchos. Pero un ratón normal en las manos de un individuo pequeño causa una hiper-extensión de las falanges, que termina provocando un dolor semejante, porque los dedos tienen que mantener una tensión continua para controlar el movimiento. No lo digas ni pongas notas, porque te van a marear con peticiones a medida y también hay mucha "cuentitis" en esas cosas. Pero advierte a los formadores de que están a su disposición si notan que un alumno tiene problemas y dolores. Te va a costar muy poco dinero y te aseguro que cualquier persona que reciba este tipo de atención va a agradecértelo eternamente.

La luz

Donde esté la iluminación natural que se quite todo, pero el problema es que ésta es variable: ahora es intensa y dentro de diez minutos ha desaparecido casi por completo, porque ha llegado un frente nuboso. Las variaciones de luminosidad despistan mucho y lo que tu quieres es que la gente pueda concentrarse en la clase durante dos o tres horas seguidas entre descansos o jornadas. Este es el motivo por el que los centros comerciales no tengan iluminación natural. ¿No te ha parecido nunca curioso que los supermercados, que tienen una extensión de miles de metros cuadrados en edificios propios, no aprovechen esas cubiertas tan amplias para abrir claraboyas y ahorrar en electricidad? ¿Y los grandes almacenes como Harrod's o Macy's? ¿Por qué no abren sus fachadas con enormes ventanales de cristal? Pues para evitar que las variaciones de luz natural atraigan la atención de los clientes. Tu problema no es que se despiste alguien a punto de comprar un abrigo de temporada, sino que 10 o 12 personas no se despisten durante un curso de 4, 10 o 150 horas.

Ahora que sabemos por qué hay que usar iluminación artificial, el problema es elegir la fuente de luz adecuada. Lo más barato, el tubo fluorescente, es también lo más dañino para la vista, debido a que la luz oscila con la corriente eléctrica por su principio de funcionamiento. No se nota de inmediato, pero

sí después de varias horas. Mi sugerencia es que intentes poner iluminación LED cálida. Es más cara, pero también se estropea menos, da luz continua y es muy estable.

Un tema muy importante es la intensidad: una baja luminosidad obliga a forzar mucho la vista, dificulta la lectura y genera dolores de cabeza a largo plazo. La referencia mínima es de 500 lux en la superficie de trabajo, siendo ideal que llegase a 700 o 750. Este valor depende un poco de la norma de referencia, pero verás que suele rondar ese rango de 500 a 750 lux.

Para hacer esta medición puedes usar cualquier aplicación gratuita disponible en tu teléfono móvil. Busca las palabras "light meter" en Android Play, si tienes un móvil Android, o iTunes, si usas un iPhone, y tendrás la respuesta en pocos minutos. Lo más seguro que es que te lleves una sorpresa bien grande al descubrir que tu mesa es mucho, MUCHO más oscura de lo que pensabas. Ahora acércate a la ventana en un día despejado o a un foco de luz en interiores y fíjate cómo va subiendo la medición hasta esos 500 lux mínimos que te he dicho. ¿Brillante, eh? En esas condiciones te cansas mucho menos haciendo cualquier cosa, desde manualidades hasta programación de aplicaciones.

El ruido ambiente

Lo del ruido es un problema importante y a veces el mayor enemigo está dentro de casa. El ruido, especialmente si no es un sonido constante como el motor de un aparato de climatización, es MUY molesto y despista mucho en el entorno de trabajo. Un aula es un sitio especialmente sensible a las interrupciones por el ruido, ya que las actividades que se desarrollan son explicaciones por parte del formador o ejercicios por parte de los alumnos, y en ambos casos es necesario mantener la atención y concentración en lo que se hace.

Te lo voy a poner fácil: cualquier ruido ambiente que supere los 35 decibelios (dB) es un problema. El límite superior está en 80 dB sostenidos, que es el valor que encontrarás en muchas normas oficiales para puestos de trabajo sometidos a un ruido intenso y molesto durante toda la jornada laboral, como motores o maquinaria industrial. Si además se trata de música, conversaciones o aparatos que generan ruidos coherentes (radio y televisión), la cosa empeora, porque lo que nos distrae no es el sonido, sino su contenido; dejamos de prestar atención a las palabras del formador para meternos en el programa de televisión que nos llega a través de las paredes. Nada genera oleadas de crímenes tan violentos como un conductor que cree que el regaetton es la obra cumbre de la expresión artística, con el aparato de música a todo volumen y las ventanillas del vehículo bajadas.

Igual que en el punto anterior, seguro que si buscas una aplicación con las palabras clave "noise meter" para tu móvil encuentras alguna gratuita. Ejecútala y toma una medida del ruido ambiente en la sala en la que estés leyendo este manual. Creo que, de nuevo, te vas a llevar una sorpresa sobre la fuerza que tienen esos "pequeños ruidos de fondo" a los que hasta ahora prestabas tan poca atención. Escribir en un teclado informático, por ejemplo, puede generar un ruido de unos 60 dB de intensidad. Ya, ya sé que parece una exageración. La intensidad del ruido es inversamente proporcional a la distancia que nos separa de la fuente en que se produce. Si pegas la oreja al teclado, te llegan los 60 dB con toda su fuerza, pero a un metro de distancia la cosa cambia mucho y su intensidad baja hasta los 45/50 dB. Con un poco de suerte te ocurrirá lo mismo que a mí en este momento y pasará al lado de tu ventana alguna madre con un "dulce retoño" berreando porque no le han dado el juguete que quería, lo que te demostrará que para romper esos 90 dB de seguridad no hace falta un motor de avión.

Si te interesa este tema, el Instituto Nacional de Seguridad e Higiene en el Trabajo español ha publicado una guía gratuita en Internet con un formulario y recomendaciones para reducir los problemas por ruido en un entorno de oficina. Puedes descargarlo en esta dirección: http://bit.ly/1Khf7xf.

La temperatura de la sala

Vamos a tomarnos esto con humor, porque podemos irritarnos muy rápido. Seas hombre o mujer, querido lector, SEGURO que discutes con tu pareja por la temperatura que hace en casa en algún momento del año. Los instantes más apasionantes de la vida en común son cuando llega ese momento de la primavera en que el sol empieza a calentar un poco más de lo normal y uno piensa que ya es hora de quitar mantas y edredones de la cama, hasta que miras a tu mujer y casi te acusa de querer asesinarla porque pasa mucho frío por las noches. ¿Frío? ¿A 28 grados? ¿Qué dices? Esta tierna discusión da paso a escenas de alcoba en las que ella se mete en la cama con pijama y se tapa con sábana, manta y colcha, mientras él se quita casi todo y empuja todos esos trapos con las piernas. Al final es como si hubiera dos zonas en la cama: una en Invernalia, azotada por gélidos vientos eternos que hacen necesaria la calefacción a 32 grados en primavera, y la otra en algún paraíso tropical en el que casi siempre está justificado poner un rato el climatizador. Sólo un poco. Bueno, un poco más.

Mientras mantienes la sonrisa que tienes en este momento, traslada la escena a un aula y piensa en 10 o 15 desconocidos de ambos sexos que no tienen ninguna de las restricciones de una pareja para tratar de caerse bien o facilitarse la vida. Dada una temperatura cualquiera, 25 grados centígrados por ejemplo, un tercio te dirá que hace mucho frío y que tienen que ponerse una chaqueta (como poco), otro tercio te dirá que hace mucho calor y que si no se puede ventilar un poco la habitación. El tercio restante seguro que tiene un grave desequilibrio hormonal y te dará la sensación de que no puede regular su propia temperatura. No sé en qué grupo estará el formador, pero él los sufre a todos, que intentan imponer su propio criterio.

Déjame insistir en que estoy tratando el tema con un cierto humor, pero que es un asunto que puede generar un malestar importante en el aula. Cada una de esas personas va a tratar de imponer su criterio, a veces con tácticas muy agresivas. Hace mucho tiempo, por ejemplo, me tocó un curso de verano en el que una chica se quejaba de que pasaba mucho frío en clase. No recuerdo exactamente las circunstancias, pero lo normal es que fuesen jornadas de verano, que la gente viniera con calor y que tuviésemos el aire acondicionado puesto en todo el centro. La chica insistió una y otra vez en que había que quitarlo y llegó al extremo de poner una queja en la evaluación final diciendo que había recibido un "trato inhumano" por parte del formador. Vivimos en una época de corrección política exagerada y de pérdida de referencias en el uso del lenguaje. Es evidente que esta chica usó el lenguaje más victimista que pudo para manifestar su contrariedad por no haberse salido por la suya. Pero a mí el centro de dejó al descubierto, porque al no poner unas reglas de referencia me convertí en el objetivo de la crítica. Y recuerda que si hay alumnos así es porque hay coordinadores dispuestos a saltar y hacer cualquier cosa cuando le llegan este tipo de quejas malintencionadas.

En mi experiencia este problema tiene tres dimensiones: la legal, la práctica y la humana.

La dimensión legal es que la misma normativa que hemos citado antes sobre salud y prevención de riesgos contempla los límites de temperatura razonable en locales de trabajo y estudio. Por ejemplo, el Real Decreto 486/1997 español establece que en invierno oscilará entre los 17 y los 24 grados centígrados y que en verano lo hará entre 23 y 27. Por tanto, una referencia válida podría ser "unos 21 grados" en invierno y "unos 25" en verano. Esto es lo que dice la ley.

La dimensión práctica es que calentar y enfriar el volumen de aire de un aula cuesta bastante dinero, especialmente si tiene los grandes ventanales que se han puesto de moda en los últimos años, ya que el cristal es un buen conductor térmico. A menos que todos esos ventanales tengan doble acristalamiento y el marco rompa el puente térmico con el exterior, es como si tuvieras unos radiadores de frío/calor con las dimensiones de la hoja de cristal, funcionando todo el rato. Esas temperaturas de referencia están muy bien como eso, como referencia, pero no me valen como valores absolutos por un detalle en el que están de acuerdo muchos neumólogos: lo que nos hace daño es la diferencia térmica con el exterior. Si fuera tenemos 38 grados y dentro hay 25, el impacto puede ser bastante fuerte. De la misma forma que si fuera tenemos 12 y dentro hay 28, rápidamente nos sentiremos agobiados. Mi sugerencia, por tanto es tomar un punto medio entre la temperatura recomendada y 10 grados de distancia con la temperatura exterior.

Pongamos un ejercicio. Este verano hemos tenido una temperatura media en mi localidad de unos 41 grados por la tarde. MUY agobiante. Yo no he podido trabajar a gusto muchos días. Lo indicado por la normativa son 25 grados, pero eso crearía un gradiente térmico de 16 grados con el exterior. En términos económicos eso es carísimo de mantener y en términos fisiológicos, el bofetón de calor al salir es de espanto. Por tanto yo te sugiero que hagas el siguiente cálculo: le quitamos 10 grados a la temperatura exterior y nos quedan 30. Ahora hayamos el punto medio entre ese valor y el de la norma: 25 más 30, dividido entre 2 nos da 27'5. Bien... está rozando el límite superior de la norma, es un poco más barato de mantener y el bofetón de calor no nos lo quita nadie, pero será algo menor. Por supuesto que con 27 grados hace calor. Pero se trata de encontrar algo razonable.

En invierno haríamos algo parecido. Fuera hay 12 grados y lo recomendado son 21; 12 más 10 son 22, de forma que estamos perfectamente en un rango de temperaturas correctas.

El verdadero problema es la tercera dimensión que decía antes: la humana. Puestos a protestar, la experiencia me dice que esto del calor y el frío es uno de los aspectos más conflictivos en las aulas. No debe ser una impresión mía personal, porque abundan los artículos y trabajos que hacen referencia a las guerras por controlar el mando del aire acondicionado en las oficinas de todo el mundo. En este asunto, además, las mujeres suelen ser bastante más puntillosas que los hombres. Lo cual es injusto, porque es un victimismo exagerado e innecesario. ¡Oh, ah, ha dicho algo contra las mujeres! No. No he dicho nada contra nadie. A ver si mantenemos la serenidad. He dicho lo que llevo observando casi 30 años de vida adulta. A ver si es mentira que en la oficina cuando alguien baja un poco el calefactor no hay una cierta tendencia a montarte un drama acompañado de trágicos anuncios de enfermedades bacterianas, dolores reumáticos y otros augurios tenebrosos. Hazme un favor, si estás en la oficina o en casa, levántate un momento y comenta este asunto en público, a ver qué te dicen los compañeros o la familia. Pregunta algo como ¿quién creéis que se queja más de la temperatura del aire acondicionado, ellos o ellas? Ahora te ríes un poco, ¿verdad? Claro. Si te acabo de decir que ésta es la "dimensión humana". Este no es un problema de normas, si no de convivencia y mano izquierda.

Al margen de corrección política, desde el punto de vista del organizador tienes que pensar que si dejas este asunto en el aire estás cargando otro problema en las espaldas del formador. Ayúdale un poco e intenta evitarle discusiones por este asunto. Un poco más adelante vamos a comentar las reglas de uso del aula, así que tienes potestad y medios para comunicar que la temperatura en verano será de 25 grados y en invierno de 21. En caso de duda, tiende a favorecer las temperaturas más bajas, porque el frío se puede aliviar poniéndose más ropa, pero no hay forma de huir del calor.

Y disculpa los dos o tres puntos de humor, pero soy consciente de que este capítulo puede ser un poco pesado. Quédate con los consejos y considera la broma como una forma de romper la monotonía ;-)

Recomendaciones de disposición física

La distribución de muebles y pasillos en el aula es un elemento aparentemente trivial, pero de bastante importancia. Hay dos aspectos a los que hay que prestar atención: el acceso a las mesas de trabajo y la posición del formador respecto a los asistentes.

En el primer punto lo esencial es que nadie tenga problemas para entrar o salir de su puesto, sin necesidad de molestar o apartar a otros alumnos. Aunque lo normal es que una vez iniciada la jornada de estudio todo el mundo permanezca en sus asientos, hay un buen número de causas que pueden justificar una interrupción: que llamen a alguien desde fuera, una salida al servicio, un malestar de salud... Si se producen, hay que intentar que estas interrupciones se noten lo menos posible, para que no se rompa la dinámica del curso.

La forma más sencilla de conseguir esto es que todos los alumnos tengan acceso a un pasillo de forma directa. Con una disposición de mesas en parejas esto no es difícil, pero al mismo tiempo es la colocación que roba más superficie a la planta del aula. Ampliar la capacidad de las filas de mesas aprovecha el rendimiento del espacio, pero dificulta el movimiento de los alumnos. Una forma de atenuar el problema es separar un poco las filas, de forma que quede un pequeño pasillo entre las sillas y la siguiente fila de mesas y que nadie tenga que moverse demasiado. Sigue dando problemas, pero es una solución intermedia. Además, esta disposición permite un movimiento libre del formador para seguir las prácticas y poder acercarse a los alumnos a resolver sus dudas. No es la primera vez que en un curso he tenido que dejar un poco de lado a algunos alumnos sencillamente porque no podía llegar a ellos.

Mi sugerencia es que las mesas tengan de 2 a 4 puestos y que dejes ese pequeño espacio entre filas. Puede que pierdas dos mesas, pero ganarás en comodidad para los alumnos y te aseguro que lo van a valorar en las encuestas finales.

Todos los razonamientos que acabamos de ver tienen una buena lógica relacionada con la dinámica del curso, pero también puede tener consecuencias más graves de lo que imaginas. En caso de accidente, incendio o cualquier otra circunstancia que requiera una evacuación rápida del aula, aunque sólo haya un alumno afectado, no te interesa que haya nada que dificulte la salida de la gente o la entrada de los servicios de atención sanitaria o emergencias. No creo que nadie llegue a quedarse atrapado en un aula porque las mesas estén tan pegadas que no pueda salir, pero lo que sí puede ocurrir es que con la tensión del momento alguien se tropiece, se caiga y se provoque una lesión de cierta importancia. No hace falta un mueble con astillas puntiagudas para que si te caes corriendo contra la esquina de una mesa te hagas bastante daño. Hay profesionales que se dedican a diseñar planes de evacuación y emergencia, pero sin llegar a esos extremos mi consejo es simplemente que te pongas en medio de la clase y pienses si alguien tendría problemas para salir corriendo; si es así, tienes que cambiar la disposición de las mesas hasta que ese problema desaparezca.

Prestemos ahora atención al profesor. Esta persona esta ahí trabajando, por tanto recordemos que la ergonomía en este caso es el conjunto de técnicas que podemos aplicar para reducir su fatiga durante las 3, 4 u 8 horas de clase diarias que tiene que estar frente a los alumnos. Hay dos cosas que nos afectan muchísimo: la distancia a todos los alumnos y el control visual del aula.

La distancia tiene una relación directa con la fuerza con la que tienes que hablar. Cuanto más lejos tengas a un asistente, más tienes que forzar la voz. Y nadie tiene problemas para hablar fuerte 5 minutos, pero intenta hablar sin parar un par de horas para que te oiga alguien en la quinta fila de una sala. Ese es el motivo por el que muchos formadores pedimos a los alumnos que se pongan en las primeras filas. No es para fastidiar, si no para no terminar roncos al segundo día de clase. Por tanto, la disposición en U que podemos ver en algunas salas de conferencias es visualmente atractiva, pero una de las más perjudiciales para nosotros, ya que no hay forma de descansar la voz. En el mejor caso, desde el centro, tenemos lejos a todo el mundo; y si nos acercamos a alguien para resolver una duda e intentamos hablar a otra persona, ésta se ha alejado el doble de nosotros.

El control visual es la facilidad con la que podemos apreciar con el menor número de movimientos oculares y de cuello la reacción y comportamiento de la clase. Impartir formación tiene mucho que ver con el control del auditorio, tanto en su aspecto positivo como en el negativo. No se trata sólo de que quiera darme cuenta de si alguien se pone a chatear por el móvil, porque ese tipo de alumno no sólo no presta atención, sino que luego es el que más se queja de todo, el que te exige que repitas conceptos ya explicados y el que pone malas evaluaciones al final. Podemos discutir si es o no importante que un alumno preste atención de continuo, pero eso depende de tus objetivos de negocio (formar o llenar sillas) y en todo caso sería objeto de otro manual sobre técnicas de enseñanza, no de organización de cursos.

Hay una faceta positiva del control de auditorio muy importante que debes comprender. Cuando explico algo necesito darme cuenta de si la gente lo entiende a la primera. Un ceño fruncido, un gesto pensativo, una mueca de contrariedad son todo lo que necesito para saber que alguien se ha perdido. Si me pones una disposición de aula en la que tenga que mover la cabeza de un lado a otro, seguro que me voy a perder muchos de esos gestos, lo que se traduce en alumnos que, una de dos, o me interrumpen más adelante para que les recupere, o se resignan y dejan ese punto atrás sin haberlo asimilado. Las dos opciones son malas. Necesito ver a mis alumnos. A todos. Y si es posible de un vistazo.

En fechas recientes he asistido a cambios en algunos centros bastante cuestionables. En uno de ellos, por ejemplo, sostienen que eso de poner al formador en una posición central con todos los alumnos mirando está pasado de moda. Lo suyo, según la teoría, es una disposición colaborativa, una inmersión del formador entre los alumnos, de forma que sea uno más de ellos. Esto lo he visto al menos en un par de sitios. La primera vez que lo vi tardé tres segundos en darme cuenta de todos los problemas que daba y asumí que se trataba de una decisión comercial, construida en torno a ese argumentario de "clases colaborativas".

Lo que yo sé es que, en uno de esos casos, la posición que habían reservado al formador, tenía una columna a su izquierda que me impedía ver a tres o cinco de los quince alumnos que cabían en el aula. Y que, excepto a los dos primeros, no podía ver a ninguno, porque los monitores me los tapaban.

Antes de tomar cualquier decisión, vete al aula y ponte en el sitio que has reservado para el formador; si puedes pedirle a unos cuantos compañeros que se sienten en los puestos para alumnos, mejor. Ahora pídeles que hagan cosas, y que de vez en cuando traten de mirar el móvil sin que te des cuenta. ¿Puedes ver de un vistazo a todo el mundo? ¿Cuánto tienes que girar el cuello para verlos? ¿Cuántos se quedan en un punto ciego en el extremo de ese movimiento? ¿Cuántos quedan fuera de tu alcance de visión, te pongas como te pongas? ¿A cuántos ves tratando de mirar el móvil? Repasa estas preguntas mientras te pones ahí de pie y ahora piensa que tu formador intenta darse cuenta de si todo el mundo se ha enterado de lo que acaba de explicar.

Recomendaciones sobre los medios didácticos

Los medios didácticos, o medios de apoyo a la enseñanza como se les llama en algunos libros, son todas aquellas herramientas que no constituyen un elemento imprescindible del curso, pero que facilitan la comprensión de las clases. El ejemplo más sencillo puede ser la pizarra: no sirve para nada en concreto, a menos que des clase de dibujo, pero cualquier explicación gana mucho si está acompañada de diagramas, notas, o bocetos que ilustren las palabras del profesor.

El gran problema que ha habido en este apartado, con la entrada masiva de los sistemas informáticos en la educación, es que la herramienta ha ganado protagonismo sobre el contenido. Es decir, muchas decisiones se han tomado más por la vistosidad o espectacularidad del soporte informático y no por la calidad de los cursos que se daban con esos medios.

De esta forma, se han metido decenas de prototipos de pizarras electrónicas en las aulas, argumentando que eran "guays", que tenían funciones alucinantes, como la posibilidad de generar un fichero de imagen a partir de lo que se había escrito en ellas o utilizar los rotuladores como punteros sobre la imagen proyectada del monitor. No se ha tenido en cuenta algo tan simple como que los marcadores se agotan con mucha rapidez y que esos "especiales" son más caros y difíciles de usar. No se ha tenido en cuenta que las pizarras con volcado de imagen son más pequeñas, tienen un brillo más molesto o se ven peor. Ni se ha tenido en cuenta que al proyectar una imagen del tipo que sea sobre una pizarra blanca se refleja la fuente del luz del proyector, debido a la superficie brillante que tienen. No se ha valorado el aspecto más simple de todos: una pizarra blanca se usa de forma inmediata, basta con coger el marcador y ponerse a dibujar, mientras que las pizarras electrónicas requieren el arranque de un sistema informático asociado que, por rápido que sea, siempre provoca un retraso en el inicio de las explicaciones. No, las pizarras electrónicas no molan, crean más problemas que ventajas, son caras, incómodas y aportan una utilidad educativa escasa. ¿Alguna vez se ha preguntado a un formador si conviene meter eso en clase?

Y no lo digo solamente yo. Un informe del Instituto Educativo del Colegio Universitario de Londres recogía lo siguiente en las conclusiones de un estudio bastante amplio: "aunque la novedad tecnológica tuvo una buena recepción inicial por parte de alumnos, cualquier mejora en la motivación es a corto plazo. El análisis estadístico no muestra ninguna mejora en el rendimiento de los alumnos durante el primer año en que los departamentos fueron completamente equipados". Puedes descargar el informe completo en esta dirección: http://bit.ly/1NNunmM.

Las respuesta más habitual a esta críticas es echar la culpa al formador y argumentar que es su falta de habilidad, competencia o voluntad de abandonar métodos obsoletos la causa de que no se aprovechen más las pizarras. Creo, a la luz de mi propia experiencia, que se ha perdido el norte en este asunto y se ha olvidado lo esencial de las ayudas a la enseñanza: que deben ser eso, una ayuda. El que enseña es el formador, no la pizarra.

Si abrazamos el concepto de libertad de cátedra y metodología, esta idea debe incluir la libertad de cada formador para elegir los métodos de presentación y enseñanza que considere más adecuados al contenido que transmite. Si quiere usar una pizarra negra y tizas de colores, que lo haga. Y si quiere usar proyectores multimedia y animaciones, que lo haga. Pero siempre condicionado al programa educativo, a su utilidad didáctica y a la metodología de trabajo que elija, nunca impuesto porque es la última novedad comercial que ha metido un centro para llamar la atención y atraer más clientes con la parafernalia que adorna las clases.

Ni chats, ni foros, ni pizarras interactivas enseñan. Insisto en que enseñan los formadores y lo que debe primar es el contenido, no el soporte. Pide opinión a tu formador sobre los recursos que necesita.

Dicho esto, los medios de apoyo a la enseñanza más comunes son: la pizarra, el proyector, la megafonía y la computadora de sobremesa. Éste último elemento tiene tantos matices que, como te decía un poco más arriba, le he dedicado por completo el siguiente capítulo, sobre todo porque es un medio que requiere mucha atención y no es necesario en todo los cursos. Si das clase de cerámica, por ejemplo, sólo vas a necesitar una máquina en el puesto del formador para proyectar imágenes o recursos en Internet, y puede que ni eso. Por eso el capítulo 6 es opcional y dedicado íntegramente a la gestión de los medios informáticos.

La pizarra

Hemos hablado ya bastante sobre las pizarras y siempre me ha sorprendido los problemas que pueden dar. Aunque a primera vista es un recurso extremadamente simple, puede darte un montón de problemas. Algunas recomendaciones que te puedo dar para su compra y uso son los siguientes:

* Elige una pared amplia y compra la más grande que puedas, con un límite práctico entre dos y tres metros en sentido horizontal. La pizarra es un elemento muy versátil y efectivo, sin más límite que la creatividad del formador, por lo que conviene que sea grande, pero tampoco mucho. La experiencia me dice que las pizarras de más de tres metros no se usan, porque te obligan a ir de un lado para otro. Lo normal es que te quedes en dos o tres puntos de referencia y te muevas en torno a ellos. De otra forma no dejas de dar paseos y los asistentes pueden perderte de vista tras una columna o un monitor.

* Ten siempre un suministro abundante de marcadores y procura que haya al menos tres colores: negro o azul, rojo y verde. El uso de colores es muy efectivo en las explicaciones, ya que te permite distinguir elementos en una estructura, la secuencia de un proceso, destacar conceptos e ideas, etc.

* Por todos los dioses, no pongas papel de cocina, higiénico o servilletas para borrar la pizarra. Muchos de esos productos de celulosa tienen una cierta rugosidad y consistencia que los hacen adecuados para limpiar residuos líquidos y comida, pero les dan

un tacto áspero que raya la superficie de la pizarra. No es inmediata, pero día tras día, semana tras semana, terminan quedando arañazos que distraen durante las clases. Usa borradores de fieltro o recambiables.

* Asegúrate que la pizarra que compres tenga una pequeña bandeja para dejar los marcadores Y el borrador. Es muy habitual que te la instalen con un raíl estrecho en el que no cabe y termina perdiéndose por las mesas. En algún sitio he visto poner un cubo o cesta en la pared al lado de la pizarra, por ejemplo como las que venden en los supermercados para las pinzas de la ropa. Es un buen truco y tiene más capacidad, pero procura que no sea muy profunda y que no se cuelen los marcadores por la rejilla.

* Compra líquido especial para borrar pizarras blancas. Ya sé que se pueden limpiar con alcohol y trapos jabonosos, pero a veces hay alguien que apoya una mano grasienta o que pinta con un marcador indeleble y esas manchas son muy difíciles de quitar. Es muy normal llegar a una clase y encontrarte pizarras con manchas de varios meses, lo cual deja una impresión pésima en los alumnos. No lo dejes en el aula si no quieres, ya que tienden a usarlos para cualquier cosa y son caros, pero ten al menos uno o dos por aula y avisa a los formadores de que están a su disposición si los necesitan.

El proyector

El coste de los proyectores ha bajado muchísimo en los últimos años, hasta el punto en que se acercan al de un monitor de buena calidad. Recomendaciones:

* Haz la instalación de forma que el formador pueda ver su escritorio al mismo tiempo en el monitor y en la pantalla. De otra forma no sabrá lo que hace o tendrá que recurrir a un truco, como darse la vuelta continuamente o sentarse entre los alumnos, para poder ver dónde apunta. Son muchos los sitios en donde una cosa tan simple no está bien resuelta.

* Procura que el proyector soporte los tamaños de escritorio más habituales, especialmente los de relación de aspecto panorámica. El Epson VS230, por ejemplo, es un éxito de ventas por su bajo coste. Pero sólo proyecta en 4:3, lo que hace que al conectarlo el escritorio cambie de aspecto, los iconos cambien de sitio y se pierda un espacio importante para muchas explicaciones. El BenQ MH630, por ejemplo, es una buena opción (http://amzn.to/1SlWz0C). Basta con que te fijes en que soporta el modo de vídeo FullHD. El sitio web projectorcentral.com tiene una extensa guía de consejos para la elección de proyectores que te recomiendo, e incluye análisis de varios modelos (http://bit.ly/1KsVdQ7).

* La pantalla, por último, suele ser el complemento prescindible. En muchos sitios no las ponen por el coste añadido y se utiliza la pared o la misma pizarra, sin tener en cuenta que el reflejo de la luz es bastante molesto. Lo mejor, claro está, es una buena pantalla y si quieres poner la guinda al pastel instala una motorizada. No se trata tanto de que sean más cómodas, que no lo son, sino que el motor asegura una tensión bien distribuida por toda la

superficie, sin tirones, de forma que no se forman arrugas y pliegues en las operaciones de subida y bajada.

He dudado mucho sobre incluir un truco que he visto en algunos sitios, que consiste en usar una cortina enrollable, de las que puedes encontrar en cualquier tienda de decoración. Son baratas, fáciles de colocar y resuelven el problema. Lo que pasa es que la diferencia de precio no es tan grande como puede parecer y la calidad del resultado sí que lo es. Una pantalla básica de 160 x 120 centímetros puede costar unos 50 a 60 €, precio que se dobla en el caso de los modelos motorizados, mientras que una cortina horizontal enrollable ronda los 30 o 40 €. Es una opción, pero si no te hace mucha falta ahorrar en este apartado, de verdad que es mejor que pongas una pantalla en condiciones. El resultado es mucho mejor.

Recomendaciones sobre las áreas de descanso

Tu actitud en clase depende de muchos factores, entre los que destaco el descanso. Para mí es tan importante que cuando viajo a dar clase fuera, siempre pido los billetes para llegar el día anterior. Hay una gran diferencia entre llegar a clase desde el aeropuerto, en un taxi que ha debido atravesar el tráfico de primera hora de la mañana, sin tiempo para desayunar y despierto desde las cuatro de la mañana, que haber dormido la noche anterior tranquilamente en una cama, desayunado por la zona y entrar en el centro con 15 minutos de antelación.

Cuando llego al centro tengo otra rutina de "aterrizaje", que consiste en hablar con alguien que trabaje en los servicios del edificio, como un guarda de seguridad o el personal de limpieza, y preguntarle dónde está el mejor bar de la zona, ese en el que ponen la mejor tortilla de patatas. Todo en beneficio de llegar al aula en las mejores condiciones posibles. ¿Sabes por qué hago todo esto? Porque no sé qué me voy a encontrar en cada centro o empresa en la que tengo que dar clase.

A lo mejor pensabas que al hablar de áreas de descanso iba a debatir sobre los periodos entre clases, esos 15 o 20 minutos que se pueden dejar a media mañana en un curso de cinco horas. Aunque soy consciente de que el suelo es muy caro y que dedicar espacio a una zona de descanso amplia puede suponer una inversión fuerte, puede que no hayas calibrado todas las ventajas que puede darte reforzar este aspecto.

Si el alumno llega a un centro "espartano", en el que un recibidor más o menos amplio, con una mesa de recepción y dos sillas, se comunica con un pasillo desde el que se accede a todas las aulas, te aseguro que la sensación va a ser bastante fría. Vale, de momento parece una opinión ambigua y puede que hayas visto muchos sitios así; yo también. Pero también he visto sitios como ESF en Madrid, que tiene una de las mejores áreas de descanso que he visto en un centro de estudios. El sitio tiene dos plantas, en las que habrá unas 12 o 14 aulas, comunicadas por una escalera. La planta inferior es como te acabo de describir: un recibidor, un mostrador, algunas sillas y un pasillo. Pero las escaleras que llevan a la planta superior son otra cosa, ya que al subir el último peldaño accedes a un área de unos 20 metros cuadrados con tres máquinas de autoservicio, varias mesas altas y sillas en las que los alumnos pueden reunirse, charlar y esperar al inicio de clase con toda comodidad.

Piensa lo desagradable que es llegar a un sitio en el que debes esperar a que termine la clase anterior de pie en un pasillo estrecho, apretado entre otros 10 o 12 asistentes. Tu espíritu no es el mismo si has esperado 10 minutos así o sentado, quizás revisando el correo o conversando con otras personas.

Un centro de estudios debe ser un sitio acogedor al que la gente tenga ganas de ir, porque se pasan muchas horas seguidas dando clase. Cuando llega el momento de hacer una pausa o has terminado la clase del día, de nuevo hay una enorme diferencia entre poder apoyarte en una mesa para colocar las cosas, tomar una bebida y comentar los puntos más significativos del temario con un compañero, o que te sientas "echado" porque no hay sitio para ti.

Piensa ahora en el formador, como yo, que a lo mejor ha llegado esa misma mañana de otra ciudad en tren, o viene desde un pueblo periférico y tiene que repasar algunos detalles antes de entrar en clase, o que debe empalmar dos sesiones con media hora de diferencia. Tiene dos opciones: o se queda en el centro y aprovecha el tiempo para descansar y preparar su trabajo, o sale a la calle y dedica ese mismo periodo a desplazarse hasta alguna cafetería cercana.

Convierte el centro en un sitio acogedor y la gente querrá pasar más tiempo en él. La primera vez que lo conozcan causarás una buena impresión y la segunda pensarán: "ah, sí... es eso sitio tan cómodo en el que puedes esperar tranquilamente a que empiece la clase". En ausencia de estos detalles vuelves a caer en el error de competir en precio; si lo único que das es un montón de aulas con mesas apretadas, ¿por qué van a volver a contratarte si otro ofrece ese mismo montón de aulas y mesas a un coste inferior? No compitas en precio, compite en calidad y confort y generarás una mayor fidelidad en los clientes.

Nadie vuelve, claro está, porque haya sillas en el descansillo de la entrada. Es el conjunto lo que genera la satisfacción. A medida que vamos avanzando por este libro recorremos pequeños detalles en los que una decisión sencilla va marcando diferencias sutiles, pero reales. Al final la suma de todo ello (un aula luminosa, un formador didáctico, un área de descanso acogedora) es lo que marca la diferencia entre un gran centro y un aparcamiento de alumnos.

Puede que estés pensando en los costes asociados a unas cuantas mesas y sillas y el espacio que pierdes para colocarlas. No es tanto y además te estás olvidando de una cosa: la zona de descanso puede generar sus propios ingresos, a través de las máquinas de alimentación y bebida. Las distribuidoras suelen colocarlas sin un gasto especial y sólo tienes que pagar los suministros que consumas. No hacen falta permisos o licencias adicionales y dado el bajo coste de las bebidas y aperitivos, puedes sacarle una gran rentabilidad. Ponte como objetivo que tus alumnos prefieran quedarse en el área de descanso antes que ir a un bar o una tienda económica. No pongas precios abusivos, dales motivos para quedarse y el resultado es que aprovecharán más los descansos, valorarán mejor las instalaciones y recomendarán tus servicios cuando terminen el curso. Esa es la mejor publicidad que puedes conseguir: un cliente satisfecho.

Recomendaciones sobre el uso del centro

Hemos dedicado mucho espacio en este capítulo a las características del aula y de los elementos que hay en ella: mobiliario, proyectores... Pero no hemos dicho nada de la convivencia y uso de las instalaciones del centro y creo que también hay que hablar de ello.

Durante la realización de un curso, el aula es un espacio en el que pasamos muchas horas con un grupo de extraños, cuyas costumbres y manías pueden coincidir o chocar con las nuestras. Hay personas a las que el ruido de fondo les molesta terriblemente y otras a las que les divierte; gente que considera práctico descalzarse en clase, mientras que otros detestan el gesto y el olor de los zapatos usados. Y así podría seguir con un amplio número de hábitos que para unos son sanas costumbres y para otros vicios irritantes.

Lo peor que puedes hacer, como siempre, es desentenderte del tema y trasladar al formador toda la responsabilidad de hacer frente a estos conflictos. El formador debe convivir con los alumnos durante toda la duración del curso y si le pones en la tesitura de ser árbitro de todas las diferencias que surjan, será inevitable que algunos alumnos se tomen a mal sus decisiones y adopten un cierto resentimiento hacia su persona. Eso hará que dejen de prestar atención a las explicaciones y rumien una y otra vez su malestar, lo que en el mejor de los casos se traducirá en una mala evaluación.

Fijar reglas puede suponer un leve enfrentamiento inicial con algunas personas, pero simplifica el conjunto del trato con los alumnos. No se trata de "prohibir" comportamientos, sino de "fijar" reglas de convivencia que hagan más llevadero el desarrollo del curso. Una sencilla hoja de reglas de uso, expuesta a la entrada de todas las aulas y entregada a los alumnos con la carpeta de bienvenida, establece un marco de comportamiento desde el principio y puede prevenir muchos conflictos. Es una medida sencilla de implantar y económica, muy habitual en colegios y universidades, y que sorprendentemente es casi inexistente en las empresas de formación privadas.

En este punto es en el que puedes dar a conocer muchas cosas que hemos ido viendo hasta ahora; si en el próximo capítulo veremos que no es conveniente dejar que los alumnos descarguen grandes ficheros para uso particular, indica aquí que la conexión de Internet tiene como finalidad ayudar a descargar recursos de formación y que debe evitarse saturarla con otros fines.

Algo muy importante que he aprendido en estos años es que a la gente no le molesta realmente que le fijes límites, sino la arbitrariedad con la que se imponen esos límites o no saber lo que pasa. Deja que el formador tenga que decirle a un alumno que no chatee por WhatsApp y tendrás un conflicto; pon una norma clara en la que se anuncie que, en beneficio de una mayor concentración en las aulas, la red interna tiene bloqueados aquellos servicios que pueden generar distracciones, como redes sociales y servicios de mensajería corta, y eliminarás bastantes quejas.

Reglas de acceso

Los alumnos deben conocer las normas de acceso al centro en general y a las aulas en particular. Si las pones a la vista reducirás bastante las consultas en recepción y secretaría, aunque no las eliminarás por completo.

* Indica con claridad el horario de apertura del centro de estudios; no la hora a la que llegan y se van los empleados, sino a la que pueden acceder los alumnos. Piensa que cuando el personal llega tiene que atender tareas de preparación de las aulas, limpie-

za y organización, por lo que puede ser conveniente darles un margen para que trabajen sin la presión que supone atender dudas y consultas. Hay un tiempo para cada cosa.

* Indica también el margen con el que se puede acceder a las aulas antes de empezar cada clase y con que se deben abandonar después de terminar. Muchos centros no tienen en cuenta que hay un periodo de transición entre clases y ponen los horarios pegados unos a otros, con el lógico resultado de que el más mínimo retraso congrega a decenas de personas en los pasillos que no saben a dónde ir. Mi sugerencia es que las clases terminen cinco minutos antes del horario previsto para la siguiente actividad y que insistas a todos los formadores en la necesidad de respeta esa regla.

* En las aulas no se puede entrar con comida o bebida. En este aspecto soy inflexible después de haber visto durante años la cantidad de problemas que da este apartado. Una "inocente" lata de refresco deja un cerco de líquido pegajoso en las mesas muy molesto para cualquiera que ponga después la mano encima, aparte de que perjudica la imagen del centro. Lo mismo se puede decir de una mesa llena de migas o de un suelo con restos de envoltorios de comida.

La "cuentitis" a la que hacía referencia con el aire acondicionado puede llegar a extremos exagerados en este aspecto. Deja al formador abandonado con este asunto y verás cómo se multiplican los casos de síncopes, golpes de calor, falta de azúcar, deshidratación y hasta sarampión entre los asistentes al curso. Parece que no hay límite para la imaginación a la hora de poner excusas en este sentido.

Ayuda a tu formador y no conviertas esto en un conflicto con los alumnos; pero tampoco caigas en un buenismo exagerado con ellos. Si alguien tiene una necesidad médica, que lo acredite, pero si no es así explica a cualquiera que lo pregunte que esa regla existe por su propio beneficio, para mantener un ambiente limpio y respetuoso con todos los usuarios del aula.

* La puntualidad es importante. Muchos centros tienen miedo de poner restricciones al horario de entrada, con la excusa de no molestar a los alumnos, pero eso sólo se traduce en pasarle la pelota al formador, que debe lidiar con todo. Entrar cuarenta minutos tarde, interrumpir y pedir que el formador o un compañero te vuelva a explicar lo que ya se ha dicho también es una molestia. Este asunto tiene también mucho que ver con las costumbres sociales de cada lugar. He tenido la suerte de vivir en varios países de Europa y Norte América y las diferencias son pasmosas. En Francia, si llegas 3 o 4 minutos tarde te citan para otro día, mientras que en España es normal retrasarse entre 10 y 30 minutos. En algunos lugares de México, quedar el lunes a las 10 de la mañana es cualquier momento entre el sábado y el miércoles.

Reglas de convivencia

Las reglas de convivencia son aquellas recomendaciones que previenen los conflictos entre personas. Es un tema complejo, amplio y difícil de tratar, especialmente porque se ha desarrollado una especie de temor a llevar la contraria y tu mejor aliado es el formador, que es quien a base de compartir tiempo con los alumnos termina por conocer un poco sus hábitos y personalidades.

Mi sugerencia es que no intentes abarcar toda la casuística y que fijes directrices basadas en uno o dos principios sencillos: el centro debe ser un sitio tranquilo dedicado al estudio y la libertad de cada uno termina donde empiezan los derechos del otro. Casi todo el mundo es normal y los conflictos de este tipo son muy escasos, pero pueden ocurrir. Así que hay que redactar las reglas de forma que nadie se sienta ofendido por cuestionar su conducta antes de que haya ocurrido nada. No pongas "está prohibido que acoses a un compañero de clase". Es una acusación exagerada; los centros no están llenos de acosadores, pones la atención en una conducta sumamente rara y creas un ambiente de prevención sin necesidad. Aquí tienes algunas sugerencias:

* El centro es un lugar de estudio y continuamente se imparten clases; intenta no producir ruidos que molesten a tus compañeros en el mismo aula o en otras. Desactiva el sonido en tu móvil al entrar en clase, evita reproducir juegos, vídeos o contenidos que hagan ruido y hablar fuerte en los pasillos y zonas de descanso.

* Si tienes que atender una llamada urgente, avisa al formador y sal del aula. Una conversación, incluso en voz muy baja, puede despistar al resto de compañeros y romper la dinámica de clase.

* El aula debe quedar perfectamente limpia al salir. Todo el que haya llevado envoltorios, bebidas o papeles debe recogerlos, si es que los permites. De igual forma el formador debe recoger su mesa, cerrar las aplicaciones que haya lanzado y limpiar la pizarra antes de abandonar la clase. El personal de limpieza está para garantizar el buen estado del centro, no para ir detrás de los alumnos recogiendo lo que dejan tirado por el suelo y las mesas.

* No se fuma en el interior del centro. Esta prohibición está recogida ya en muchos países, pero conviene que la recuerdes y que señales que no afecta sólo a las aulas, sino a la totalidad de las instalaciones, incluidos los servicios y accesos.

Reglas de comunicación con el centro

La última regla que debes dejar clara es cómo comunicar con el centro. En dirección de proyectos hay un proceso que se llama "gestión de interesados" que esencialmente consiste en que cuando hace falta transmitir algo todos los participantes deben saber de quién es la competencia, cómo contactar y cuándo contactar.

Esto se traduce en que tu hoja de reglas debe terminar con un pequeño listado en el que aparezcan las dos o tres personas clave para resolver dudas: un contacto en secretaría para asuntos relacionados con la burocracia del curso; otro en soporte técnico para las incidencias que puedan surgir y uno último en dirección de estudios para los aspectos pedagógicos del curso. Si no tienes empleados asignados a cada una de estas funciones, indica quién las realiza, aunque se acumulen varias funciones en la misma persona.

Para cada persona, indica su nombre, primer apellido, correo electrónico y horario de atención.

En el capítulo siete veremos cómo arrancar el curso y cómo mandar la convocatoria de inicio. Si haces bien las cosas, esta información ya debería constar en esa carta, pero conviene que también conste aquí, ya que no todo el mundo lee bien las comunicaciones que recibe.

Terminar la hoja de reglas con esta indicación es un toque de cortesía, porque dejas abierta la puerta a que haya dudas, interpretaciones y casos especiales que pueden requerir una decisión que se aparte de la norma. Recuerda que lo que molesta no son las reglas, sino la arbitrariedad. Si la gente tiene un canal para exponer una petición legítima, de nuevo descargarás de trabajo al formador y agilizarás la gestión del centro. Al dar una respuesta más rápida, también mejorará la percepción que tienen los alumnos de la empresa y, por tanto, las evaluaciones.

En resumen

Este ha sido un capítulo muy largo y complejo, con muchos temas dispersos que tienen como única relación que pueden formar parte de las características o el contenido del aula. Recordemos algunas sugerencias interesantes.

Sobre la ergonomía:

* Comprueba que la altura de las mesas es adecuada para una persona de complexión media, que los antebrazos se pueden apoyar con comodidad en el tablero y quedan horizontales respecto al suelo.

* La iluminación suele cuidarse muy poco, tanto en uniformidad como en intensidad. Quédate con este dato: en la superficie de la mesa de trabajo debe haber un mínimo de 500 lux de intensidad y lo ideal son 750.

* El ruido es una de las molestias más irritantes. En "silencio" no debe haber nunca más de 25 dB en el aula y este valor no su-

perará los 80 dB durante las clases, de forma que ajusta los altavoces de aparatos de música y televisión para que no lo superen.

* La temperatura es un tema muy controvertido, pero recuerda que el calor es más difícil de resolver que el frío. Abrigarse es fácil, pero escapar del sofoco es casi imposible. Por eso, fija una temperatura de 21/22 grados en invierno y 25/26 en verano, cuidando de que la diferencia térmica con el exterior no sobrepase los 10 grados.

Sobre la disposición física:

* Todos los alumnos deben tener un acceso fácil y directo a un camino de evacuación. Evita las disposiciones en las que un puesto quede a más de dos sillas de distancia del pasillo más próximo.

* Intenta dejar un pasillo detrás de cada fila de alumnos para que el formador pueda pasar con comodidad y prestar atención durante las prácticas. Este margen, además, mejora las condiciones de seguridad al facilitar la evacuación rápida del aula.

* El formador debe tener una visión clara y directa de todos los puestos, reduciendo al mínimo los movimientos de cabeza para poder apreciar el comportamiento de los asistentes. Esto facilita la detección de problemas de comprensión durante las explicaciones.

Sobre los medios didácticos:

* La pizarra blanca con marcadores temporales es uno de los mejores inventos para la enseñanza; es barata, limpia y fácil de

usar. Elige un modelo amplio, de 2 a 3 metros de ancho si te lo permiten las dimensiones del aula.

* Ten siempre un adecuado suministro de consumibles: marcadores de colores, recambios para borrador y líquido de limpieza.

* Si tienes un proyector multimedia, es importante que el formador pueda seguir viendo el escritorio de su computadora mientras está conectado. De esta forma evitará tener que girar la cabeza continuamente o ponerse en medio de los alumnos.

* Elige un modelo silencioso que soporte los modos panorámicos, con relación de aspecto 16:9.

* No uses la pizarra como pantalla; genera muchos reflejos y es molesta. Incluso una cortina enrollable de decoración es preferible, aunque las pantallas no son mucho más caras.

Sobre las áreas de descanso:

* La recepción no es una buena zona de descanso, ya que la gente se amontona en las horas de cambio de clase y molesta al personal de secretaría. Haz lo posible por conseguir un área específica de descanso, ligeramente apartada de las aulas para que las conversaciones que se produzcan no molesten en las clases en marcha.

* Procura que haya mesas altas y sillas o asientos de cualquier tipo. Haz que la gente se sienta cómoda y que desee acudir o quedarse en el centro antes y después de clase.

* Una buena idea es instalar máquinas automáticas para la venta de comida y bebida; reducen la necesidad de salir a la calle, dan un servicio adicional al alumno e incluso poniendo precios reducidos puedes obtener un beneficio extra de su explotación, rentabilizando el área de descanso y haciendo que no sea una zona muerta.

Sobre las normas de uso:

* Indica el horario del centro, el tiempo con el que se puede acceder con antelación al comienzo de las clases y la puntualidad que se espera de los asistentes.

* En el aula no se puede entrar con comida o bebida. Sé muy claro en este aspecto y no obligues al formador a actuar de arbitro antes estos asuntos, porque le pondrás en una situación cada vez más comprometida al tener que tomar decisiones continuas sobre asuntos molestos.

* Hay que evitar las conversaciones en voz alta, incluso en los pasillos, así como tener los teléfonos activos dentro de las aulas. Es importante que haya un ambiente de tranquilidad que permita la concentración en las clases.

* No se fuma en ninguna zona del centro. Esto incluye aulas, servicios y accesos.

* El aula debe quedar perfectamente limpia al salir, lo que incluye a alumnos y formador. Estos dejaran limpias sus mesas y las sillas en su sitio, y aquél cerrará las aplicaciones utilizadas,

dejará la mesa ordenada y la pizarra limpia, para facilitar el trabajo del siguiente formador.

Organización de cursos profesionales

Capítulo 6

Medios informáticos

Debido a la influencia francesa, España es el único lugar del mundo en el que a los sistemas de sobremesa se les llama "ordenadores", cuando su nombre genérico es "computadoras". Esto se debe a la gran influencia del país galo en los años 60 del siglo XX, cuando la tecnología hizo su entrada en el país. Términos que eran propios del francés se españolizaron, de modo que "ordenador", "telemática" y "logical" son términos curiosos y propios de esta zona mediterránea. Permíteme que lo unifique y que use el término más internacional de "computadora".

Hacia los años 80 del S.XX se produjo un enorme cambio cultural y un gran avance en el ámbito de la informática. Las máquinas de cómputo dejaron de ser patrimonio exclusivo de gobiernos y grandes empresas para entrar en los despachos y salones de personas particulares. Dejaron de ocupar salas enteras y exigir un ejército de sirvientes que los mantuvieran en funcionamiento para convertirse en un electrodoméstico más. Pero sobre todo, dejaron de utilizarse para operaciones de cálculo y tratamiento de información tabulada (tablas y registros) para convertirse en sistemas de propósito general.

Para mí ha sido una gran satisfacción haber nacido justo en el momento en que he podido presenciar todos esos cambios; yo empecé de niño trabajando con máquinas en las que literalmente podías ver el estado de las posiciones de memoria, que se programaban con interruptores y daban los resultados con luces de colores. He tenido alguno de los primeros ordenadores domésticos de 8 y 16 bits, con sus teclados de goma y pantallas de enormes píxeles, con sus procesadores de sonido monofónicos que trataban de imitar el sonido de un coche de carreras con chirridos, como el célebre R2-D2. Y me enganché a los primeros sistemas con interfaz gráfica y ratón. Ese fue el momento en que se dio el gran salto, en que las máquinas empezaron de verdad a ocupar un lugar importante en nuestras vidas; porque antes de que el Atari 520ST o el Amiga 500 llegaran a nuestros comedores a mejorar la calidad de los primeros videojuegos (aquel Pong que se enchufaba directamente al televisor) ya había máquinas muy potentes que calculaban nóminas y censos a toda velocidad. Pero nada de eso pertenecía a nuestra vida cotidiana.

Creo que debió ser hacia 1993 cuando vi el primer Photoshop funcionando y aprendía usar AutoCAD. Pocos años después tenía dos terminales O2 de Silicon Graphics en mi despacho para hacer análisis de imágenes diagnósticas. Cuando las máquinas dejaron de mostrar listas de contribuyentes en una pantalla verde y empezaron a mostrar radiografías en una clínica, fichas de cliente en un gimnasio y fotografías de las últimas vacaciones en la playa, es cuando llenaron nuestra vida. Todo esto explica por qué la presencia de la informática está tan extendida en la formación. Las computadoras son un gran apoyo formativo en todos los ámbitos, no sólo en el informático, sino en el musical, el legal, el técnico, el arquitectónico, etc. Es la flexibilidad de los sistemas con interfaz gráfica y la enorme, brutal potencia de cálculo que han adquirido en estos años lo que les da esa gran utilidad en todos los ámbitos.

Lo malo es que con las ventajas también vienen los inconvenientes. Hace 30 años dar un curso de cerámica consistía en poner un grifo, dos kilos de arcilla y quizás 3 o 4 tornos eléctricos en una sala. Hoy, además, es recomendable poner una computadora de sobremesa, un proyector y un sistema de sonido multicanal para ver vídeos didácticos en una pantalla de metro y medio de diagonal. Las máquinas suelen dar muchos problemas y la mayoría de las veces se ignoran hasta que el conflicto es bien gordo. Aquí tengo que decirte que, por desgracia, hay un alto porcentaje de alumnos que intenta abusar del centro y que hay que controlar algunas malas prácticas. Han aparecido nuevos riesgos y, por ejemplo, no son pocos los que usan la conexión de Internet del aula para descargar software, vídeos o ficheros. No tiene que ser contenido ilegal, pero basta con que se descarguen tres o cuatro vídeos de YouTube o la última actualización de un sistema operativo como Fedora, para que tengas a alguien consumiendo de 2 a 4 Gbytes de transferencia. De nuevo, multiplica esto por 10 o 15 alumnos, por 3 o 4 aulas y tienes un tráfico considerable que no tiene nada que ver con el desarrollo del curso.

Si no usas computadoras en tus cursos, puedes saltarte este capítulo, que es el motivo por el que lo he separado de los medios de apoyo a la enseñanza en el capítulo anterior. Pero si no es así, espero que estos consejos te ayuden a evitar algunos contratiempos.

Configuración del sistema

Una pregunta clásica cuando alguien se entera de que trabajas en el mundo de la informática es: "voy a comprarme algo nuevo, ¿que configuración me recomiendas?". Mi respuesta es siempre la misma y entiendo que puede dejar un poco planchada a la gente, pero es que es la verdad: desde hace más de una década cualquier computadora que te compres tiene más potencia de cálculo de lo que vas necesitar jamás para nada.

En condiciones normales, para escribir cartas, buscar cosas por Internet y guardar las fotos que has hecho con el móvil, te aseguro que puedes coger un Intel Core Duo de primera generación, de los que salieron en 2006, y puede con todo lo que le eches.

Vale, comprendo que hay algunas aplicaciones que exigen mucho a la máquina por la cantidad de información que mueven, pero lo que te quiero decir es que en esencia no te hace falta buscar máquinas exóticas o súper-afinadas para equipar un aula. Hay aspectos mucho más importantes que la velocidad del procesador. Si no me crees, date cuenta que hace años que los procesadores no pasan de 2 GHz y pico de velocidad y que son muchos los modelos que no llegan a esa cifra.

La razón es que ya no se puede ir más rápido. A 2 GHZ la luz que corre por los circuitos no alcanza ni medio metro de distancia, lo que supone un terrible problema de diseño para sincronizar el funcionamiento de todos los componentes. La señal no llega a tiempo al otro lado de la placa si la metemos un poco más de prisa al reloj. Por eso las mejoras en potencia han tomado otro rumbo, como el aumento de los núcleos de proceso o el aumento de las memorias internas de caché.

Voy a tratar de evitar la jerga demasiado técnica y darte algunos consejos prácticos desde el punto de vista de los requisitos de formación.

Usa máquinas virtuales siempre que puedas

Un problemón que siempre he visto en las aulas es que cada alumno que pasa por el puesto de trabajo tiende a hacer pequeños cambios y ajustes que estropean las cosas para el siguiente que viene. Basta con que dejes todo perfectamente configurado, con la resolución de escritorio ideal para el monitor, un fondo neutro y el brillo ajustado a la luz de la sala, para que venga alguien en el turno siguiente y te lo cambie todo. Y como te hablo del escritorio puedo hablarte de las opciones de inicio, el software, los iconos de escritorio, las preferencias de navegador e incluso los ficheros de ejercicios, que alguien puede borrarte porque le faltaba espacio para descargar una película mientras leía las noticias de la liga europea de fútbol.

Este problema rivaliza en complejidad con el de la temperatura de la sala, pero afortunadamente tiene una solución simple. A finales de los años 90 teníamos una buena solución, que consistía en tener el disco duro del sistema instalado en una bahía extraíble. Cada vez que se cambiaba de curso, cambiabas el disco y ponías el que correspondía al curso siguiente, con su software y preferencias para el alumno que en ese momento estaba asistiendo a clase. Costaba un poco más al principio, por aquello de tener que comprar dos o tres discos por cada

computadora, aparte del coste de las bahías, pero te quitabas todos los problemas de encima.

Quince años más tarde hay una solución todavía mejor, que es usar máquinas virtuales. Y no hay que gastar mucho dinero. VirtualBox es un entorno de virtualización de Oracle que funciona perfectamente y que te puedes descargar de forma gratuita del sitio Web virtualbox.org. Está disponible para todos los sistemas operativos, así que te da igual el entorno de inicio; puede ser un PC con Windows, un Mac con OSX o cualquier trasto con Linux. Da lo mismo, una vez que arrancas la máquina virtual y activas el modo de visualización a pantalla completa lo que tienes delante es casi indistinguible de una máquina dedicada.

Las ventajas son múltiples e importantes. Lo más sencillo es que hagas una "plantilla" de la computadora-tipo que hace falta para un curso determinado y que al empezar el curso la clones en cada uno de los puestos asignados a cada estudiante. Es un proceso bastante sencillo para el que encontrarás instrucciones en muchos sitios y foros. Y si no lo encuentras, manda una nota a professional-trainers.com y te prometo que lo publicamos ahí. De hecho, ya hay algunas configuraciones sugeridas.

Piensa, por ejemplo, que quieres dar un curso de ofimática y fundamentos de Internet. Sencillo. Haz una lista del software que necesitas: una suite de ofimática, un cliente de correo electrónico, un navegador Web y un organizador de imágenes. Tienes dos opciones: la de Microsoft y la de código libre. Para el primer caso optamos por MS Office, Outlook, Internet Explorer y Zoner Photo Studio. Para el segundo puedes instalar OpenOffice, ThunderBird, Mozilla Firefox y XnView. Creas tu máquina virtual, instalas un sistema operativo, añades el software y guardas el estado de la máquina en ese momento. Ahora la clonas 10, 12 o 20 veces, las que hagan falta, y lo copias en un directorio concreto del disco duro de cada computadora asignada a los alumnos.

Cada vez que empiece una clase, lo único que tienen que hacer los alumnos es seleccionar su máquina virtual, lanzarla y activar el modo de pantalla completa. Se acabaron los problemas. Nadie altera el escritorio ni las preferencias, nadie ha instalado o quitado nada desde la sesión anterior, todos los ejercicios continúan en su sitio y todo el mundo tiene el software que necesita para cada clase.

Si te ha interesado el tema, te sugiero que eches un vistazo al manual disponible en la sección de documentación del sitio Web de Virtual Box: http://bit.ly/1hTfQtc. Te advierto que sólo está en inglés, pero no es una lectura difícil. También te recomiendo que mires el sitio Web de Oracle, la empresa que ha desarrollado VirtualBox, ya que tienen muchas máquinas virtuales preconfiguradas en esta dirección: http://bit.ly/1Bemu2m. Si quieres buscar otras configuraciones, prueba en un navegador con las palabras clave "virtualbox virtual appliance".

Hay otras soluciones, como los contenedores de UNIX o algunas propuestas de Microsoft, pero la que yo te sugiero es esta. Si quieres comentarlo, como siempre te sugiero que me escribas un correo electrónico y estaré encantado de atenderte.

Requisitos del sistema

La virtualización es una gran idea pero consume muchos recursos. Muchos. Date cuenta que es como tener una máquina dentro de otra. De hecho una de las ventajas es que si quieres puedes tener dos o tres al mismo tiempo en ejecución, lo que te da mucha libertad a la hora de, por ejemplo, dar cursos sobre servicios en red.

Esto sí que condiciona los requisitos de la máquina que compres para cada puesto:

* Necesitas un procesador con, al menos, cuatro núcleos. Y ocho tampoco van mal.

* La memoria tiene que ser muy amplia, para que cada máquina virtual se pueda ejecutar con soltura, así de 8 Gbytes no puedes bajar y por encima no hay límite.

* Tienes que instalar dos discos duros. No un disco duro con dos particiones, sino dos discos duros distintos; uno para el sistema operativo y otro para las máquinas virtuales. Y el segundo disco no puede ser un dispositivo portátil conectado al puerto USB, sino un disco SATA igual que el primero. El motivo es que de otra forma la velocidad de acceso se reduce mucho.

* Ya que hablamos de puertos USB, asegúrate que son de la versión 3.0 o superior. En clase vas a tener que mover ficheros a toda velocidad y te conviene que el puerto de transferencia sea muy rápido para reducir las esperas.

* Tienes que conectar todo por red Ethernet, no vale el WiFi, por la misma razón que el punto anterior: vas a mover cantidades enormes de ficheros y hay que ser ágiles.

* Y acuérdate de las recomendaciones de ergonomía: monitor panorámico de, al menos, 21 pulgadas.

Con esta configuración puedes hacer lo que quieras, dar clase casi de cualquier cosa y reducir al mínimo los conflictos entre alumnos y profesores. Si, los profesores también pueden discutir entre ellos porque uno prefiere dar Java con NetBeans y el otro con Eclipse.

Conectividad a Internet

Cuando yo era un chaval y empecé a trabajar con máquinas teníamos un acceso muy limitado a redes de datos. En los años 80 teníamos una velocidad de transmisión de algunas decenas de Kilobytes por segundo, diez mil veces menos que ahora, y ordenadores con 1 o 2 Megabytes de RAM, y no 4 u 8 "Gigas". Cuando apareció Internet y tuvimos una alternativa a los sistemas BBS, como Fidonet, quedé inmediatamente seducido por las posibilidades de este nuevo medio de comunicación. Acostumbrado a saltar entre menús de texto, la interfaz gráfica que nos daba el navegador Mosaic y más tarde las primeras versiones de Internet Explorer eran fascinantes. Dos décadas después aquella promesa inicial se ha cumplido en formas que no podíamos imaginar: comercio electrónico, sistemas de formación a distancia, enciclopedias colaborativas, canales de noticias en tiempo real, foros y bitácoras de expertos que comparten su experiencia y conocimiento... Desde el punto de vista de la enseñanza Internet es una maravilla para buscar recursos.

Los problemas también existen. Muchas de esas páginas contienen más "opiniones" que "hechos contrastados" y el fanatismo ha hecho presa en sitios como la Wikipedia o Facebook, en los que asistes a auténticas batallas de enmiendas interminables entre partidarios y detractores de cualquier ideología. No hay debate, hay griterío de patio.

En la práctica, dentro de un aula Internet tiende a ser motivo de interrupciones, pérdidas de concentración, y despistes que perjudican el aprovechamiento de las clases. Mi posición se resume en una idea bien simple: el uso indiscriminado del acceso a Internet debería abandonarse y quedar restringido a prácticas y actividades programadas por el formador, que apoyen el desarrollo del temario.

La lista de malas prácticas relacionadas con el uso de Internet puede alargarse bastante. Algunos ejemplos podrían ser:

- Leer noticias en la prensa.

- Descargar contenidos piratas, como software, películas o música.

- Descargar contenidos legales de gran tamaño.

- Mantener sesiones de mensajería instantánea (chat).

- Consultar y/o actualizar el estado de la cuenta personal en redes sociales.

- Subir ficheros a servicios de almacenamiento compartido, como Mega.

- Acceder a contenidos inadecuados, como sitios para adultos.

Algunas de estas actividades te pueden parecer más o menos inocentes, pero como acabo de señalarte todas son distracciones. Todo lo que se haga en el aula debe contribuir al éxito del curso. No es una sala de ocio ni un club social. Comprendo el principio de que el cliente debe sentirse cómodo, pero lo que el primer día es una cortesía (te doy acceso para que consultes un mensaje rápido) termina convirtiéndose en una exigencia (interrupciones continuas en clase con las alarmas de Twitter o WhatsApp de alguien que tiene una conversación en ese momento).

Esa restricción a la utilidad pedagógica se traduce en cuatro medidas muy concretas:

* Elimina el servicio WiFi en la medida de lo posible. Si no puedes, porque en el centro se usan tabletas o impresoras con este acceso, bloquea el tráfico en los servicios que no sean necesarios, como redes sociales, servicios de citas o prensa diaria. En este punto el bloqueo es sólo una opción complementaria si no puedes desactivar el tráfico de red inalámbrico. En el siguiente punto te cuento más cosas sobre el bloqueo selectivo.

* Implanta una política de bloqueo selectivo de sitios web e informa a los alumnos de que existe en el proceso de bienvenida, junto a las reglas de uso del aula. El bloqueo consiste en introducir una lista de excepciones en cada una de las computadoras del aula o en el dispositivo de acceso a Internet, lo que normalmente se llama router.

Puede que te encuentres con una cierta resistencia y protestas cuando le digas a alguien que Facebook está bloqueado y que traten de atacarte con acusaciones de censura y manipulación. Este argumento se desarma con facilidad: una cosa es bloqueo y otra cosa es censura. El bloqueo es una medida preventiva para aprovechar todos los recursos del centro en el objetivo que se persigue, que es aprender el temario propuesto. La censura es la ocultación sistemática de aquella información que es molesta o contraria a unos ideales. Desde un centro de estudios tienes todo el derecho del mundo a establecer las reglas de uso necesarias para que los recursos que pones al alcance de los alumnos se aprovechen de la forma correcta y más provechosa para tu negocio. Otra cosa es que les pidieras el teléfono móvil para implantar tus reglas y decirles lo que tienen y no tienen que leer en su vida privada. Fuera del centro, que hagan lo que quieran; dentro del centro y con los medios del centro, deben orientar sus esfuerzos al aprendizaje. Esto no está reñido con la elegancia, el tacto y la flexibilidad.

Definir una lista universal de bloqueos es imposible. Twitter es normalmente una gran pérdida de tiempo en clase, pero si estás dando un curso de marketing en redes sociales no puedes eliminar el acceso. Hay sitios como Mega o Rapidgator que son nidos de piratería que hay que evitar. Según un artículo de la revista Time (http://ti.me/1KCIqux), los sitios más bloqueados por las empresas norteamericanas son:

1. Facebook – 19.4%

2. Twitter – 15.1%

3. YouTube – 13.7%

4. Pinterest – 11.2%

5. Otras redes sociales – 10.9%

6. LinkedIn – 9.7%

7. Webmail (Gmail, Yahoo, etc.) – 9.3%

8. Otros sitios – 4.6%

Puedes empezar con esta lista para hacer aquella que se adapte a las necesidades de tu centro y cursos. No hay una solución perfecta para todo el mundo; debes hacer la tuya propia. Otra fuente que puedes usar para coger ideas es la lista que mantiene unblocksitio.com en esta dirección: http://bit.ly/1O5ymsW. Por último, hay algunos foros especializados que mantienen ficheros de configuración muy elaborados, como la que mantiene Dan Pollock en somewhocares.com: http://bit.ly/1O5ymsW.

Algunas productos de seguridad y antivirus tienen módulos de protección contra el tráfico indeseable. Avast, por ejemplo, incluye un servicio de "reputación" que te advierte del acceso a sitios poco recomendables y Google tiene una extensión para Chrome que bloquea el acceso a las direcciones peor valoradas por la comunidad. Pero estas soluciones suelen estar bajo el control del usuario, a diferencia del router de acceso a Internet, de forma que pueden desactivarlas con facilidad.

* Aparte de aquellos sitios Web que consideres más perjudiciales para la concentración en clase, también debes considerar el bloqueo de los servicios que puedan molestar. La diferencia es que a los sitios Web sueles acceder con un navegador, como Opera o Safari, mientras que a los servicios se accede con una aplicación.

Twitter en realidad no es solo un sitio Web, sino casi un protocolo de mensajería instantánea al que puedes acceder por el navegador o por una aplicación del teléfono o la tableta electrónica. Tan importante como bloquear el primero es bloquear la segunda, aunque es más complicado. El problema es que el navegador está normalmente instalado en una computadora que tu controlas y se accede a través de un mecanismo fácil de controlar, el protocolo HTTP. Por el contrario, las aplicaciones móviles están instaladas en una máquina que no controlas y funcionan mediante decenas de protocolos muy diversos.

A continuación te doy algunos servicios que tienen pinta de aportar poco en una clase, pero que pueden despistar mucho:

- Yelp, para buscar restaurantes.

- Spotify, para descargar música.

- Badoo, para buscar pareja.

- Twitter, para compartir mensajes cortos.

- Facebook, para cotillear con los amigos.

- Etc.

Implantar el bloqueo de estos servicios puede ser muy complicado y necesitas la ayuda de un experto en redes. Al final de esta lista te cuento algo más sobre esto.

* Establece cuotas de tráfico para cada usuario, de forma que tengan suficiente velocidad de transmisión para hacer su trabajo, pero que sea tan lento que les desanime a descargar ficheros de gran tamaño. El formador es el único que no debería tener restricciones, para poder reaccionar con rapidez a incidencias como descargar una actualización o un documento que apoye el desarrollo de la clase. No es necesario que los quince asistentes a un curso descarguen el mismo fichero; basta con que lo haga el formador y éste lo comparta por la red interna, que es mucho más rápida.

Para todas estas tareas vas a necesitar la ayuda de un administrador de redes, ya que muchas no son triviales. Bloquear Facebook o Yelp en el navegador puede hacerlo cualquiera siguiendo algunos pasos sencillos, pero establecer un filtro de contenido en el router de entrada para impedir el tráfico de WhatsApp en los móviles es BASTANTE complicado. Es recomendable que tengas a alguien en plantilla con este perfil; si no es así, te queda el recurso de pedir a un buen formador en la materia que te ayude en este aspecto. Lo que no te aconsejo en ningún caso es que dejes abandonado este aspecto.

Almacenamiento de ficheros y ajustes

Si no quieres o no puedes optar por el uso de máquinas virtuales, vas a encontrarte con un conflicto de convivencia. A lo largo del curso, tanto los alumnos como el formador van a descargar, copiar, crear y editar decenas o cientos de ficheros. A menudo esto supone un grave problema a largo plazo, ya que los discos duros se van llenando de basura que, finalmente, impide seguir adelante con el trabajo diario.

Este problema tiene una segunda faceta, relacionada con el hecho de que no se trata de máquinas individuales sino que en el mismo aparato se sientan 2, 4 o 10 personas a lo largo del mes, cada una de ellas generando su propia montaña de basura electrónica.

Lo peor es que cuando terminan los cursos casi nadie hace limpieza, de forma que pasan los meses, se va acumulando y se llega a esa situación en la que ya no sabes lo que se está usando y lo que lleva ahí varias estaciones marchitándose con el paso del tiempo.

Te he metido aquí los ajustes de usuario porque en casi todos los sistemas operativos consisten en un conjunto de ficheros que almacenan esos ajustes. Cosas como los marcadores favoritos del

navegador o la imagen de fondo del escritorio son ficheros alma-
cenados en algún punto del directorio de usuario.

Igual que en el punto anterior, hay varias medidas que pueden
ayudarte a prevenir y reducir los problemas de este tipo, aunque
te adelanto que es casi imposible eliminarlos del todo.

* Establece un directorio temporal para ficheros que se usan
de manera puntual. Los sistemas UNIX suelen tener uno llamado
tmp que se vacía de forma automática cada vez que se reinicia el
sistema. UNIX, lo que incluye cualquier distribución de Linux.
No es el mejor sistema operativo para un aula, pero la idea es
buena y no es difícil implantarla en Windows. Una vez creado,
incluye una directriz en las normas de uso del centro indicando
que todos los ficheros que sólo se vayan a usar puntualmente
deben almacenarse en ese directorio.

* Crea un directorio asociado a cada cuenta de usuario, en el
que se almacenen sus ficheros personales. Tanto Windows como
UNIX hacen esto de forma automática, con una estructura básica
de directorios y recursos asociados a cada cuenta, de forma que
la caché de los navegadores, las descargas temporales y otros
muchos elementos van a puntos como /home/usr/nombre-de-
usuario (en UNIX) o c:/users/nombre-de-usuario (en Windows).

Esta práctica tiene el inconveniente de que debes crear cuentas para todos y cada uno de los alumnos que se dan de alta. Pero
cuentas de verdad, no cuentas genéricas como alumno1,
alumno2, etc. Cuentas con nombres y apellidos reales que corresponden a usuarios matriculados en cada uno de los cursos
impartidos. La ventaja es que ningún alumno se quejará de que

otro le ha borrado un fichero, le ha cambiado el fondo de escritorio o la disposición de los elementos del menú de inicio.

La gestión de usuarios en una computadora personal, como tu portátil, es casi trivial. Pero cuando hablamos de redes corporativas, con decenas de puestos de trabajo en un centro de estudios, con cientos o miles de alumnos entrando y saliendo cada año, el trabajo puede consumir mucho tiempo. Hay formas de agilizar y automatizar todo eso, por ejemplo mediante el uso de servicios de directorio. Un directorio es algo así como las páginas amarillas de la empresa; es un listado de todos los recursos a los que se puede acceder desde la red interior como impresoras, servidores, puestos de trabajo y cuentas de usuario. Son protocolos muy útiles para administrar redes a partir de 6 u 8 nodos (un nodo es cualquier cacharro contectado a la red, desde un servidor a un teléfono móvil por WiFi).

Microsoft, por ejemplo, utiliza una versión muy "tuneada" de un protocolo llamado LDAP para su Directorio Activo, pero si sabes manejarlo bien puedes hacer virguerías con él. A través de una cosa llamada "directivas de directorio" puedes automatizar la creación de varias cuentas, incluyendo cosas como instalar aplicaciones exclusivas para cada una de ellas. Si creas un perfil de usuario llamado "alumno de diseño gráfico", puedes hacer que en su puesto de trabajo se copien los ficheros de prácticas, las aplicaciones y los ejemplos de ese curso de forma automática, en pocos minutos. Necesitas, eso si, alguien que de verdad sepa algo de administración de sistemas. Igual que antes, elige a alguien competente para el puesto de administrador de sistemas en el centro o pide ayuda a un formador que sea bueno en este área.

Mantenimiento del software

No son pocas las veces que llego a un aula y me encuentro con que la computadora del formador tiene más de cien actualizaciones pendientes entre parches de seguridad, nuevas versiones del software y bases de datos, así como diez o doce Gbytes de basura acumulada en el disco duro. Tanto si das cursos relacionados con la informática como si no, el software instalado en las máquinas tiene que estar continuamente actualizado.

Este no es el único aspecto que debes cuidar: virus, troyanos, basura acumulada, errores en los procesos de instalación... Todo contribuye a añadir más y más elementos que perjudican el rendimiento de los sistemas. Las tareas de mantenimiento se pueden agrupar en dos áreas: actualizaciones y limpieza de basura. La seguridad la dejo para el último punto.

Todas estas áreas darían de sí para escribir uno o varios libros, por lo que aquí sólo voy a hacerte algunas recomendaciones generales. Insisto en lo mismo que te he dicho un poco más arriba: si el tamaño de la empresa lo justifica, contrata a un buen administrador de sistemas para que te libere de todos estos problemas.

Actualizaciones

El software es algo que está en mejora continua por varias razones; en parte es porque siempre puede haber una nueva idea, una nueva función que mejore su utilidad, y en parte es porque la dinámica de trabajo tan apresurada que hay en la actualidad hace que la calidad del desarrollo sea bastante mala y abunden los errores de programación y seguridad. Por este motivo es tan importante actualizar las aplicaciones instaladas continuamente.

Una solución simple podría ser dejar activadas las opciones de actualización automática y que cada aplicación lo haga cuando sea necesario. Mala idea. Muy mala idea. Este pensamiento parte de una premisa equivocada: todo las empresas de software incluyen un mecanismo fiable de actualización, y no es así. Además, las que lo tienen pueden dar muchos problemas. Por ejemplo, el servicio de actualizaciones de Microsoft Windows tiene la pésima costumbre de ejecutarse en segundo plano en cualquier momento y presentar por sorpresa una ventana que dice algo como "pulse aquí para reiniciar en este momento". Si estás escribiendo cualquier cosa, es muy muy probable que pulses por error la tecla "S" (de "si") o la tecla de retorno, lo que se interpreta como una aceptación y apaga el sistema irremediablemente, haciendo que pierdas todo el trabajo. Imagínate un alumno que lleva media hora haciendo un ejercicio y que de repente lo pierde todo por este motivo. ¿Cómo te sentirías?

La segunda razón para no hacer esto es que no hay un mecanismo universal de actualización en ningún sistema operativo. Ni Windows, ni MacOS, ni UNIX tienen un mecanismo único para comprobar TODAS las actualizaciones y coordinar su instalación. Muchas empresas de software, como Adobe, AutoDesk, Microsoft o Apple tienen su propia utilidad, que normalmente se instala como un servicio en segundo plano. Cada uno de esos servicios se pone en funcionamiento al encender el sistema y queda en segundo plano, consumiendo memoria, tiempo de proceso y recursos de red, ya que hacen comprobaciones periódicas de las nuevas actualizaciones; es decir, no es que el fabricante "notifique" a las máquinas instaladas de los nuevos parches, sino que esos programitas instalados en cada computadora consultan cada pocas horas si hay algo nuevo para coger.

De nuevo, es un problema de números: un sistema con tres o cuatro utilidades de actualización no sufre mucho; un centro de estudios con cien computadoras de sobremesa y puede que otros sesenta dispositivos móviles, entre tabletas y teléfonos inteligentes, consultando una y otra vez la disponibilidad de parches son megas y megas de RAM consumidos, miles y miles de ciclos de procesador y gigas y gigas de ficheros descargados una y otra vez.

Ten en cuenta que si Microsoft publica un parche de seguridad y tienes cien máquinas en el centro, cada una de ellas se lo descarga de forma independiente. Lo que no parece gran cosa, porque son 3 o 4 megabytes, se convierte en 300 o 400 megas. Cada vez. Por cada desarrollador de software. Por cada máquina. Varias veces al mes. Y no todas las aplicaciones ocupan 4 megas. La media de un parche en Adobe es de medio giga.

La solución a todo esto puede ser muy simple o muy complicada. Utilizando un servicio de directorio como el que hemos mencionado antes puedes centralizar todas las actividades de actualización y programarlas en aquellos momentos en que no hay nadie en las aulas. Un solo sistema, lo que se llama un "controlador de dominio", descarga las actualizaciones una sola vez a una hora concreta para, posteriormente, redistribuirla a todos los puestos de forma automática por la red interna. Hay aplicaciones, como algunos antivirus, que tienen su propio mecanismo para controlar las instalaciones de todos los sistemas en una misma empresa. Esta es la solución "sencilla", aunque me doy cuenta de que otra vez te estoy dirigiendo a un administrador profesional de redes y sistemas.

La solución "compleja" es la más sencilla: deja funcionando todas las utilidades de actualización en cada máquina y completa el proceso con una revisión manual una vez al mes, por ejemplo. Ese día te darás tu o alguien de la empresa una paliza al ir revisando todos los puestos de trabajo. Es más cansado, pero más sencillo de realizar.

Limpieza de basura

No sé si alguna vez te has dado cuenta, pero los programas que utilizamos generan mucha basura informática. Esta basura toma muchas formas, aunque lo más normal es que se trate de ficheros temporales de trabajo. Por ejemplo, cuando editamos una carta en Word y guardamos el documento, este programa mantiene en realidad dos ficheros al mismo tiempo: uno con los cambios que vamos realizando y otro con el resultado final; bueno, más bien con lo que teníamos al empezar. Esos ficheros terminan con la extensión .TMP y contienen información muy diversa, que se elimina al cerrar el programa, de forma que éste tiende a limpiar la "basura" que genera. El caso es que si la computadora se apaga de forma imprevista, esos ficheros temporales no se borran y muchas veces ni te das cuenta de que están ahí. Esto no le pasa sólo a Word, sino casi a todos los programas que trabajan con ficheros, como Excel, NetBeans, Photoshop, etc. Y no nos olvidemos de los navegadores Web, que hacen una copia temporal de todas las páginas que visitan. Cada imagen, texto, vídeo, enlace o animación que visitas se copia en tu sistema y no se elimina a menos que indiques lo contrario. Pasa el tiempo, se suceden los errores, se acumulan los ficheros perdidos y en unos pocos meses terminan sumando GIGABYTES de fragmentos de basura desperdigados por todo el disco duro.

Ahora imagínate esto multiplicado por 60, pues esa es la cantidad de basura que se puede acumular en los sistemas de un centro de estudios, con el agravante de que no es un usuario el que la genera, sino varios por cada puesto de trabajo. Aunque la capacidad de los discos duros actuales es bastante grande, 10 o 20 gigas de basura siguen siendo una barbaridad de gigas y te conviene limpiarlo. Además, hay un detalle de seguridad y es que un fichero temporal de Word contiene, esencialmente, una copia del documento original, por lo que si un alumno estuvo escribiendo algo personal, con datos y detalles de su vida privada, cualquiera que se siente en el mismo sitio podrá abrirlo y leerlo. Lo mismo pasa con el historial de Chrome o los registros de actividad de un chat.

Afortunadamente este es un problema que tiene muy fácil solución. Windows tiene una utilidad para la limpieza del disco duro entre las utilidades del sistema. Tiene la ventaja de que es gratuita, que limpia algunas cosas y que se puede automatizar su

ejecución, pero también tiene el inconveniente de que se deja muchas cosas fuera. Lo bueno es que hay herramientas gratuitas que cubren esos huecos y que no son difíciles de usar. SlimCleaner Free o CCleaner son dos de las más conocidas, se instalan en pocos minutos y pueden ayudarte a liberar un montón de espacio en los ordenadores. Mi consejo es que los ejecutes una vez a la semana, cuando terminen las clases; por ejemplo, el viernes por la noche. Puesto que estas utilidades se pueden programar para iniciar la limpieza automáticamente a la hora señalada, ni siquiera tienes que quedarte a supervisarlo.

Seguridad informática

Pufff... La seguridad. Me faltan páginas para hablar de esto. Si haces una consulta en Barnes & Noble o en la sección de informática de tu librería más cercana encontrarás cientos de títulos sobre el tema. La mayoría tratan un solo aspecto y tienen miles de páginas de texto apretado. Estamos hablando de una guerra continua contra los esfuerzos de algunas personas por romper la privacidad de los sistemas ajenos, acceder a la información almacenada y hacer un uso incorrecto de la misma. Lo que hoy funciona, mañana puede que se quede cojo y siempre hay que estar al día de las últimas novedades para saber qué medidas básicas implantar y estar "algo" protegido. Hace diez años era suficiente con instalar un antivirus en el sistema; hace cinco era prudente añadir un anti-rootkit y hoy no puedes estar tranquilo si no lo combinas con algún detector de malware, más dos o tres filtros de tráfico en Internet.

Lo peor es que ha llegado un momento en que incluso las empresas legítimas de software han empezado a introducir auténtica basura binaria en sus productos. Es muy difícil impedir que Adobe trate de colarte una versión de McAffee cuando instalas una actualización de Flash Player y Microsoft ha decidido despistar a los usuarios con algo que "parece" el menú de inicio de

Windows 8, pero que en realidad es una aplicación de ventas de software. El acoso ha llegado a extremos insospechados, de tal forma que cuando se compra una nueva computadora hay que dedicar un buen rato a eliminar un montón de software indeseable conocido como "bloatware", aunque en esto los campeones son los fabricantes de móviles Android. La cosa es tan grave que hasta las revistas de informática, como MuyComputer o Wired, empiezan a dar voz a las quejas de los usuarios por estas prácticas (http://bit.ly/1PZ6asl, http://wrd.cm/1zH7S82).

Queda por completo fuera del alcance de este libro, centrado en los aspectos prácticos y pedagógicos de la organización de cursos, hablar de todos los detalles de la seguridad informática que debes implantar en las aulas, pero voy a tratar de darte algunos consejos útiles.

Insisto antes de empezar en que todo lo que te diga se queda corto y que es mucho mejor tratar este tema aparte. Tan aparte como que seguramente le dedicaré otro libro completo en la colección. Hasta ese momento, creo que puedes empezar con estos tres puntos básicos:

Primero, instala un antivirus de cobertura total. Eso quiere decir que incluya filtro Web, cortafuegos y ataques indirectos, como el secuestro de servidores DNS. Siento no ser más específico, pero es que este no debe ser un libro técnico, sino un libro de recomendaciones pedagógicas. Te pido perdón por la vaguedad y comprende que lo que pretendo es no liarte con una avalancha de tecnicismos que no vienen a cuento. Mira, lo práctico es que instales Avast (http://bit.ly/1iafqPR). En realidad me da lo mismo el que pongas, pero te recomiendo que no sea ni McAffee ni Panda, aunque te aconsejo que consultes alguna comparativa de antivirus actualizada para que te formes tu propio criterio.

Avast tiene para mí dos ventajas. Por un lado la versión gratuita es muy completa y no consume demasiados recursos en el sistema, aunque hay que reconocer que casi te bloquea el sistema cuando hace una actualización; pero es de lo mejor que hay por ahí, te lo aseguro. Lo verdaderamente bueno es la segunda razón. Avast tiene una versión para empresas que te permite centralizar el mantenimiento de todas las computadoras de tu red interna en un solo puesto de trabajo. Eso quiere decir que en lugar de descargar y actualizar 30, 50 o 100 máquinas de forma independiente un solo sistema descarga las actualizaciones y las distribuye internamente, asegurándose de que cada puesto tenga la versión de la base de datos y software más actualizadas.

Segundo, instala un anti-malware, que no es un antivirus. Hay un tipo de software que no llega a ser perjudicial, pero que le falta poco y puede llegar a ser una auténtica pesadilla, como las barras de búsqueda adicionales, los programitas de publicidad y cosas así. Contra esos "programas potencialmente indeseables", o PUPs que es el nombre técnico que tienen, hay que usar otra cosa que no es un antivirus, sino un antimalware. A mí el que más me gusta es el de Malwarebytes, pero seguro que si buscas podrás encontrar alternativas. De nuevo, prueba el que mejor se ajuste a tus necesidades.

Tercero y último, decide qué política vas a adoptar con las memorias y discos USB externos. El puerto USB tiene muchas ventajas, pero también es un agujero de seguridad como el cráter de un volcán. No sé si lo sabes, pero debido a una característica de la arquitectura del bus USB es posible infectar la computadora incluso si el sistema operativo no ha arrancado. En serio: enciendes la máquina, conectas una memoria mientras se carga Windows y ¡plaf! infectado. Te sugiero que leas éste artículo de la revista Wired para hacerte una idea: http://wrd.cm/1uKbFF7.

Por tanto, una de dos: o desactivas el puerto USB en todas las máquinas y te quitas de encima el problema de las descargas pirata, las instalaciones indeseadas y las infecciones de virus imparables o instalas algo para tratar de frenarlo. Hay algunas utilidades para proteger y restringir el acceso de este tipo de dispositivos, como USB Disk Security (http://wrd.cm/1uKbFF7). Igual que en los otros dos casos, lo que me importa es que prestes atención a este punto y no que pongas el programa que te digo. No lo dejes pasar, porque es bastante grave.

Hay auténticas maravillas en el mundo de la seguridad corporativa. Por ejemplo, hay protocolos coordinados entre el antivirus y el router de entrada a tu red que permiten cortar el acceso a cualquier máquina cuando salta una alarma de infección, de forma que se evita la propagación por la red. Pero esto, insisto, es demasiado amplio para tratarlo aquí y lo dejaremos para un título futuro.

En resumen

Los medios informáticos de apoyo a la enseñanza son un elemento casi imprescindible en los centros de estudio. Da igual que des clases de danza o programación de juegos para dispositivos móviles; la flexibilidad de las computadoras con interfaz gráfica, su capacidad de presentar información visual de las formas más diversas hacen que sus aplicaciones sean mucho más sencillas y económicas que mediante otros medios. Podríamos tener animaciones en vídeo, pero sería más caro producir un DVD que hacer una presentación interactiva. Podríamos tener proyecciones fotográficas en dispositiva, como hace años, pero es mucho más ágil y económico utilizar un carrusel de fotos con un programa de gráficos.

Las máquinas están ahí y hay que prestarles atención. Veamos las ideas fundamentales del capítulo.

Sobre la configuración de los sistemas

* Cuando elijas el hardware tu problema no va a ser la potencia, ya que hemos alcanzado niveles impresionantes de rendimiento, sino la potencia adecuada a los cursos que vayas a dar. A menos que enseñes a montar vídeo, producir efectos especiales o secuenciación genética, cualquier máquina de los últimos cinco años te puede valer.

* Es muy recomendable que trabajes con máquinas virtuales, creando configuraciones básicas para cada uno de los cursos que des, en las que queden instaladas las aplicaciones y ficheros de ejemplo que vayan a necesitar los alumnos. VirtualBox es gratuito y funciona perfectamente.

* Si optas por esta forma de trabajar, todas las computadoras deben tener la siguiente configuración:

- Procesador con cuatro o más núcleos de proceso.

- Memoria RAM de 8 o más Gbytes.

- Dos discos duros independientes, uno para el sistema operativo y otro para las máquinas virtuales.

- Puertos USB 3.0 o superior

- Conectividad en red por Ethernet, no por WiFi.

- Monitores de 21 pulgadas o más.

Sobre la conectividad a Internet

* Elimina el acceso WiFi si es posible o bloquea aquellos servicios que no sean necesarios para impartir las clases, como redes sociales o portales de citas.

* Bloquea igualmente aquellos dominios y sitios Web que puedan ser fuente de distracciones o conflictos, como foros de software pirata. Hay listas que puedes usar como referencia para empezar.

* Establece cuotas de tráfico para desincentivar la descarga de grandes ficheros. Si se necesitan para el desarrollo de un curso, que lo descargue el formador y lo distribuya por la red interna de cable a todos los asistentes.

Sobre el almacenamiento de ficheros y ajustes personales

* Si no usas máquinas virtuales para separar el entorno de trabajo de cada curso, es recomendable que prevengas conflictos porque unos usuarios modifiquen o borren los ajustes y ficheros hechos por otros. Empieza por crear un directorio temporal que todo el mundo sepa que se borra al reiniciar los sistemas; es una

buena práctica que puede reducir la cantidad de basura en los discos duros.

* Crea un directorio asociado a cada cuenta de usuario e informa a los alumnos de cómo usarlos. Los protocolos de directorio, como Active Directory de Microsoft, pueden ayudarte a simplificar estas tareas.

Sobre el mantenimiento de los sistemas

* Las actualizaciones son necesarias, pero no siempre es la mejor idea activar todas las utilidades automáticas que proporcionan las casas de software. Muchas compiten entre sí, consumen recursos y penalizan el rendimiento del sistema. Lo mejor es que desactives todo y hagas una revisión mensual de los sistemas.

* Las aplicaciones generan muchos ficheros temporales que se van acumulando en forma de "basura" electrónica. Instala una aplicación de limpieza, como SlimCleaner o CCleaner y ejecútala al menos una vez al mes.

* Como verás , se van acumulando tareas que configuran un plan de mantenimiento regular para el que conviene que pienses en contratar a un admisnitrador de sistemas y redes fijo.

Sobre la seguridad informática

* Instala un antivirus de cobertura total que incluya cortafuegos, filtrado de servicios por Internet y monitorización del sistema. Avast es una buena opción y te sugiero que evites Panda y

McAffee. Avast tiene una versión corporativa que te permite administrar todas las máquinas de la red desde un solo puesto.

* Instala un anti-malware que complemente al anterior en la eliminación de PUPs, o programas indeseados. Malwarebytes tiene una buena solución para esto.

* Por último, fija una política para el uso de los puertos USB. O los bloqueas, para que no puedan usarse mal, o instalas alguna utilidad que evite la copia de información y las infecciones de virus por esta vía.

Capítulo 7

Arranque del curso

Teniendo en cuenta que a menudo nadie ve a los asistentes de un curso hasta el primer día de clase, siempre me ha sorprendido la poca atención que se presta a la apertura. Cuando yo era niño recuerdo que el primer día de cada curso era un momento especial; cientos de niños dando vueltas en el patio del colegio jugando a cualquier cosa. No sabíamos quién iba a ser el tutor ni los compañeros de curso con seguridad, aunque teníamos algunas ideas. En una pared del patio ponían las listas y ahí podíamos confirmar en qué grupo nos tocaba. El orden alfabético nos decían quiénes iban a ser nuestros compañeros, de forma que cuando sonaba el timbre de llamada, sabíamos perfectamente dónde teníamos que ir.

Un adulto no se diferencia mucho de un niño el primer día de clase; tendrá más experiencia, pero cuando llega a un sitio nuevo sigue siendo una persona perdida con muchas incertidumbres. Puede que no sepa exactamente dónde está el aula, casi seguro que no conoce al resto de participantes y fijo que no tiene ni idea de quién va a impartir el curso. La apertura es una gran oportunidad para resolver todas esas dudas y convertir ese momento de duda en otro punto a tu favor en la impresión que recibe el cliente de la organización del curso.

Un proceso de apertura convencional se desarrolla de la siguiente manera: el asistente recibe de alguna forma una confirmación de la fecha y hora de inicio del curso y llega a las instalaciones. Entra en recepción y pregunta dónde tiene que ir, lo que le puede llevar entre unos segundos si no hay nadie y varios minutos si hay una cola de otras 10 o 20 personas preguntando lo mismo, porque da la casualidad de que arrancan tres cursos en la misma mañana.

Cuando por fin sabe qué aula le toca, avanza por un pasillo mirando todas las puertas, tratando de localizar el número que le han indicado. Al llegar a la puerta puede que esté cerrada y que haya más gente en el pasillo, de forma que pregunta si ahí es donde imparten el curso y espera de pie o se mete, ocupando de forma muy dispersa alguna de las sillas al final del aula.

En algún momento llega el formador o un responsable del centro, que les da una carpeta con un cuaderno, un bolígrafo, quizás algún formulario que hay que terminar de rellenar y les indica que se va a empezar en unos momentos, cosa que ocurre finalmente.

Hay muchas variantes en este escenario que te acabo de dibujar: el aula puede estar cerrada o abierta, con el formador ya dentro; la entrega de material puede hacerse en recepción o de manera organizada dentro del aula, una vez iniciada la clase; los coordinadores muchas veces no aparecen y, cuando lo hacen, suele ser para presentar brevemente al formador y marcharse en seguida. Este es el escenario habitual y está lleno de oportunidades perdidas para causar una buena impresión.

No se trata de servilismo ni de un atenciones desmedidas, sino de prestar un buen servicio desde el primer momento. No sólo es que ayudes al alumno a integrarse en un grupo con el que va a compartir decenas o cientos de horas, sino que puedes apoyar al formador a resolver y encauzar pequeños detalles que cogidos a tiempo son irrelevantes, pero abandonados a su suerte pueden llegar a convertirse en graves problemas.

Yo soy un formador que dedica mucho tiempo a la apertura del curso; creo que soy la persona que hace las introducciones más largas que he visto, pero nadie se ha quejado nunca de ello y te aseguro que me ha ayudado siempre a resolver problemas. Déjame compartir contigo algunas ideas y luego me dices qué te parece.

La convocatoria de inicio

Hay un momento en que la inscripción al curso ya está formalizada, en el que ese alumno forma parte del grupo de asistentes que tomará parte en su desarrollo. Puede ser al completar un formulario y entregarlo o al hacer el pago; esto depende mucho del centro y la forma en que se haya hecho la contratación. El pago se hace de una forma distinta en un curso abierto al público que en uno de empresa. Por eso no quiero centrarme aquí en ese mecanismo. Seguro que tienes un criterio muy claro para determinar el momento en que cada persona es, oficialmente, alumno del curso. Ese criterio "dispara" el proceso de convocatoria, que es la primera comunicación formal que reciben los participantes.

El objetivo de la carta de convocatoria es ayudar al alumno a llegar al aula y entrar con la mayor confianza posible, procurando resolver las dudas más habituales. Este documento, que puedes mandar por correo electrónico, debería tener los siguientes apartados:

Saludo de bienvenida

Esta parte es sencilla; la carta debe empezar con un breve saludo personalizado. No pongas "estimado alumno", que en vez de mostrar un interés personalizado, desde el principio ya deja claro que es un número más.

Incluso si no sabes hacer campañas combinadas con la base de datos de alumnos, poner el nombre a mano en diez o quince mensajes no te va a consumir más de 10 minutos y es un detalle que se agradece.

Convocatoria de inicio

Aquí es donde deben ir los datos relativos a la fecha de inicio del curso y el lugar en el que se impartirá. Incluye todos la información, incluso si el aula está dentro de las instalaciones del cliente. Como mínimo deberías poner:

* Fecha y hora de inicio.

* Margen de antelación con el que se puede llegar.

* Instalaciones en las que se realizará.

* Indicaciones para llegar y aparcar, tanto en transporte público como en vehículo propio.

* Dirección de las instalaciones.

Confirmación del temario

Puede que te parezca una tontería, pero te sorprendería la cantidad de ocasiones en las que los alumnos no tienen ni idea de qué van a ver en el curso. Cuando se trata de cursos abiertos contratados en una academia, suelen prestar atención al temario que contratan, pero incluso en estos casos hay veces en que lo ofertado por el personal comercial no coincide con lo que se va a dar en la clase, por lo que conviene enmendar los malentendidos desde el principio.

En el caso de los cursos de empresa o sindicato la cosa es peor, ya que muchas veces los cursos son asignados al empleado por un responsable de departamento o proyecto que ha elegido el curso que tenía un título parecido a su problema, sin confirmar el contenido. No creas que porque sea una cuenta de cliente establecida van a dejar de trasladarte la responsabilidad de un error de este tipo, aunque la culpa sea suya por no preguntar ni confirmar. Mandar el temario puede restarte un asistente antes de empezar, pero te garantiza que quien termina el curso está ahí porque quería o lo necesitaba y, a largo plazo, genera más satisfacción y fidelidad.

Este apartado no debe ser muy extenso. Yo suelo incluir cuatro puntos:

* Título del curso.

* Qué objetivo tiene.

* A quién está dirigido.

* Un breve índice de contenidos.

Indicaciones y requisitos para el inicio

Queda un último apartado muy abierto, que puedes aprovechar para recordar cualquier requisito o necesidad. Si hace falta que los asistentes lleven su propio portátil, material de escritura o algún fichero para empezar a trabajar, este es el sitio ideal para hacerlo. No des lugar a que empiece el curso y que deba retrasarse el inicio porque la mitad no sabía que tenía que llevar una tableta electrónica, por ejemplo.

Contactos en el centro

Este es un punto muy descuidado y, de nuevo, es otro detalle que puede mejorar mucho tu imagen. Como te adelantaba en el capítulo 5, en los marcos de dirección de proyectos, como el PMBoK o Prince2, hay un apartado en el que se hace mucho énfasis llamado "gestión de interesados". Un "interesado" es cualquiera que se ve afectado por el resultado del proyecto de forma directa; por ejemplo, los alumnos son interesados porque de la buena realización del curso depende que aprendan o no los conocimientos expuestos.

La gestión de los interesados empieza por saber quiénes son y facilitar la comunicación entre ellos. También son interesados el formador y el coordinador de formación, por lo que todas estas personas deberían saber que existen mutuamente y cómo ponerse en contacto entre sí.

Al formador ya le pasarás un listado de asistentes un poco más adelante, pero lo que nadie hace es informar a los alumnos de a quién se van a encontrar. Basta con poner dos o tres líneas con la siguiente información:

- Nombre y correo electrónico del coordinador de formación.

- Nombre y correo electrónico del formador asignado.

- Opcionalmente, nombre, teléfono y correo electrónico del responsable de secretaría o recepción.

Fíjate lo poco que cuesta y la enorme diferencia que hay entre llegar sabiendo a quién dirigirte para cualquier duda o llegar en el más completo desconocimiento de con quién hablar.

Carta de ejemplo

Si juntamos todo lo anterior, podríamos tener una carta como la siguiente:

"Estimado Sr. Gómez:

"Muchas gracias por inscribirse en nuestro curso de Procesado RAW para Fotógrafos. A continuación le indicamos algunos detalles que pueden facilitar el inicio del curso, a fin de que lo aproveche al máximo desde el primer momento.

"Datos de la convocatoria:

"El curso comenzará el próximo lunes, 3 de Octubre, a las 09:00 horas, aunque nuestro horario de apertura empieza a las 08:30, por lo que puede esperar dentro si lo necesita.

"Las clases se impartirán en el Aula 4 de nuestro centro.

"La dirección del mismo es c/ Gran Vía, número 6, de Madrid. No es fácil aparcar por la zona, pero dispone de aparcamientos públicos cercanos en la Plaza de Vázquez de Mella y en la esquina de las calles Sevilla y Alcalá. Igualmente, puede acceder por transporte público usando la línea 1 y 5 de Metro, con salida en la estación de Gran Vía, situada a unos 200 metros.

"Información del curso:

"El curso en el que está inscrito es Procesado RAW para Fotógrafos. El objetivo de este curso es conocer el formato imagen digital RAW y aprender a realizar un procesado básico del mismo, explotando sus posibilidades para conseguir imágenes de alta calidad.

"El curso está dirigido a aficionados y profesionales de la fotografía que deseen aprovechar al máximo el rendimiento del sensor de imagen de la cámara. Para ello, el contenido del curso es el siguiente:

"1. Funcionamiento de los sensores de imagen.

"2. Diferencias entre RAW y JPEG.

"3. Perfil de procesado básico.

"4. Análisis del histograma (etc...)

"Requisitos del curso:

Las aulas están equipadas con los sistemas informáticos y software necesarios para impartir el curso en su totalidad, incluidos ficheros de ejemplo para las prácticas. No obstante, dado el carácter creativo del trabajo, le animamos a que traiga sus propios ficheros de imagen en formato RAW para realizar los ejercicios.

"Personal de contacto:

"A su llegada a nuestras instalaciones, puede preguntar en recepción por la Srta. Torres, que es la persona encargada de secretaría, quien podrá orientarle en los primeros pasos en el centro. Igualmente, puede dirigir por adelantado sus dudas al correo electrónico secretaria@dominio.com o al teléfono (55) 555 55 55.

"El formador asignado al curso es Rafael Morales, que lleva impartiendo estos cursos varios años con excelentes resultados. Puede localizarle igualmente en la dirección contacto@rafael-morales.com.

"Por último, también puede localizarme en la dirección coordinacion@dominio.com.

"En la confianza de que el curso se desarrolle a su entera satisfacción, reciba un cordial saludo. Atentamente:

"Isabel H. Coordinadora de Formación"

¡Ya está! No es tan complicado, ¿verdad? Incluso puedes utilizar este ejemplo como plantilla para tus cartas; es muy sencillo adaptarla al caso particular de cada curso que convoques. Puedes decidir si quieres un trato formal (de usted) o informal (de tu); eso es irrelevante ya que debe corresponder a la política del centro. Pero compara esta carta con el mensaje que envías y pregúntale al personal de recepción cuántas veces les preguntan una y otra vez los mismos detalles: a qué hora empezamos, puedo entrar antes, cómo se llega, hay algún metro cerca, tengo que llevar algo, etc.

La gestión por procesos no consiste sólo en organizar el trabajo, sino en aprender de la experiencia. Si en tu caso te preguntan como llegar por autobús, ponlo. Si te preguntan mucho los horarios de transporte, ponlos o añade un enlace a la página web en donde se puedan conseguir. El beneficio es múltiple: facilitas las cosas, alivias la carga de trabajo en recepción y mejoras la imagen que perciben los alumnos.

La entrada en el centro

Imagínate que invitas a un amigo a tu casa y, cuando llega, tu pareja le abre la puerta y le dice con desgana "vamos a estar en el salón", tras lo cual vuelve a centrarse en sus cosas, hasta que aparece el siguiente invitado. ¿Cómo te sentirías? Empezarías a dar vueltas y, dependiendo de tu forma de ser, te quedarías con el abrigo en una mano sin saber dónde ponerlo o lo soltarías en el primer sitio que se te ocurriera. Esto es exactamente lo que pasa en la mayor parte de los cursos.

Entre la puerta de la calle y las mesas del aula hay una distancia importante y un montón de oportunidades para quedar bien o mal. De nuevo, te propongo un ejercicio muy simple: pregunta en la recepción de tu centro de estudios cuántas veces han preguntado los alumnos en la última convocatoria dónde está el servicio. Seguro que son decenas de veces.

Al principio del capítulo describía el proceso típico de inicio de un curso y te comentaba cómo, en mi experiencia, lo normal es que cuando los alumnos entran por la puerta se les diga "en el aula 3" y éstos se acoplen más o menos como quieran.

Te propongo dos ideas sencillas y económicas para que cambies esta rutina, que pueden mejorar mucho la situación.

Primero, cuando vaya a empezar un nuevo ciclo, pon un cartel junto a la entrada en el que aparezcan todos los cursos que dan comienzo ese día, indicando el aula y el formador asignado. El soporte da lo mismo, puede ser desde un tablero apoyado en un trípode o un monitor panorámico colgado en la pared. Lo importante es que cualquier que entre por la puerta se encuentre con el cartel y pueda ver con facilidad a qué aula tiene que dirigirse.

Esto es lo que hacen en cualquier centro de convenciones u hotel y funciona perfectamente, liberando de mucho trabajo al personal de recepción.

Lo segundo, haz un diagrama de la planta del centro, en el que estén claramente señalados cinco elementos:

- El acceso principal, con una marca que diga "Entrada".

- Los servicios, con símbolos para los de ambos sexos.

- Las aulas con sus identificativos.

- Las zonas de descanso, si las hay.

- Los accesos y salidas de emergencia, así como la posición de los extintores.

No se lo des a todo el mundo, sino que los tienes en recepción para que cuando alguien pregunte "¿dónde está el servicio?" se le pueda responder de esta manera. Es más gráfico, obtendrá toda la información que necesite sobre el centro y, otra vez, libera de mucho trabajo al personal de atención al público.

Otra posibilidad es que incluyas esta hoja en la carpeta de bienvenida al curso, como veremos en el siguiente punto, pero no dejes de tener algunos en la entrada.

La presentación del curso

Ya está todo el mundo en el aula. Es el momento de empezar. Hay centros en los que la presentación la hace el director o el coordinador de estudios, mientras que en otros se delega en el formador. El objetivo es resolver todas las dudas que no tengan que ver con el contenido pedagógico del curso, algo que corresponde en exclusiva al formador en el siguiente y último paso.

Mi sugerencia es que lo haga un responsable de la empresa, pero tampoco es tan grave que no sea así. Lo importante es que exista este momento al inicio del curso y que se haga una distinción con el siguiente. Lo que hacemos aquí es presentarnos y responder preguntas administrativas. Para ello es suficiente con hacer tres cosas:

Primero, da la bienvenida, preséntate y explica cuál es tu función en el centro o en la empresa.

Segundo, si has mandado la convocatoria que te propuse un poco más arriba, pide que la saquen en este momento y amplía un poco la información con los siguientes datos:

- Título y objetivo del curso.

- Duración en días, aclarando si hay festividades por el medio y confirmando la fecha de finalización.

- Horario del curso, incluidos los descansos, si es que los hay.

Tercero, presenta al formador brevemente: nombre y méritos que le hacen adecuado para impartir ese curso. No cuentes su currículum laboral completo, sólo aquellas cosas que tengan relación con el curso. Los asistentes no van para que les hables de lo bueno que es el personal de la empresa, sino para que les resuelvas un problema.

Cuarto, resuelve los trámites que puedan estar pendientes: entrega de documentación, firma de papeles, etc. Bajo ningún concepto pases lista, deja eso para el siguiente apartado. Ahora veremos por qué.

Quinto, pregunta si hay alguna duda administrativa y da paso al formador para que tome el relevo en el control de la presentación. Con esto llegamos al punto final del arranque.

La introducción del formador

Llega el último punto, en el que el formador toma el control y efectivamente empieza el curso. Lo que viene a continuación es para la persona que va a impartir el curso, no para ti que lo organizas, pero voy a seguir escribiendo dirigiéndome a ti. Puede que seáis la misma persona y si no es así, piensa cómo lo harías tú y luego traslada ese proceso a los formadores que contrates.

Hace un momento te he pedido que no pases lista. Tampoco hemos dicho nada de dar libros o material de papelería, ¿verdad? El motivo es que esas tareas son una excusa perfecta para tomar contacto con los alumnos y quien va a estar trabajando con ellos es el formador, así que déjale que lo aproveche para empezar a recoger información sobre el grupo.

La introducción pedagógica tiene como objetivo que el formador sepa cuál es la expectativa de los asistentes. Esencialmente es una toma de requisitos antes de empezar a exponer el temario. No es posible hacerlo antes, ya que casi nunca hay posibilidad de tener entrevistas particulares con todos ellos. Puede parecer que presentamos el curso, pero en realidad lo que hay que hacer es confirmar qué quieren nuestros clientes.

Para ello, te recomiendo que la presentación incluya los siguientes pasos:

Primero, igual que en la fase anterior, el formador se presenta, escribiendo su nombre en la pizarra y recordando su correo electrónico o cualquier otro medio que pueda usarse para entrar en contacto con él: número de móvil, identificador de Skype, etc.

Esta presentación se puede complementar con una pequeña autobiografía, pero siempre breve y limitada a los aspectos que refuercen la competencia que le faculta para dar el curso.

Segundo, comprueba que están todas las personas inscritas, con ayuda de la lista de asistentes. No se trata sólo de poner una marca en la casilla que hay junto a cada nombre, sino de aprovechar el acto para asociar cada nombre a una cara, de ver cómo reaccionan, si hacen una broma, si murmuran, si se limitan a levantar una mano... En definitiva, para tantear su personalidad.

Este es un buen momento para entregar el material didáctico, si es que lo hay. Cada vez que nombre a alguien, pídele que se acerque por la mesa del formador para que recoja libros, carpetas, material de apuntes y cualquier otro recurso que quieras entregar. En algunos cursos hay que acreditar la entrega de este material mediante un justificante firmado por los alumnos; por eso es importante que no entregues estas cosas a medida que vayan entrando en clase, sino que controles su distribución entre los asistentes. También pueden firmar en ese momento la hoja de asistencia, si es que hay, o entregar documentación pendiente para la formalización de la matrícula.

Tercero, casi seguro que hay muchos que se han sentado de forma dispersa en las últimas filas. Aprovecha ahora para pedirles que se acerquen a las primeras. No lo hagas de forma agresiva y recurre a una razón que no puedan rechazar, como que hay que forzar más la voz para llegar a todo el mundo (lo que es cierto), que la pizarra se ve mejor desde cerca o que es necesario completar las primera filas por completo para los grupos de prácticas. Lo que quieras, pero que no parezca una imposición.

La gente que se queda atrás lo hace por dos motivos: o son tímidos y no quieren que les molesten, o no quieren estar en el curso y quieren ponerse fuera de la vista para poder hacer otras cosas. Aquí he discutido mucho en estos años con mis compañeros de profesión; algunos dicen que si alguien se quiere quedar atrás, que lo haga, que no estamos ahí para obligarles y que si quieren pagar por un curso que no aprovechan, están en su derecho.

El tema es muy amplio y este apartado muy breve para profundizar en él, así que te diré mi opinión y si quieres escríbeme para discutirlo tranquilamente tomando un café: a los tímidos, quiero tenerlos cerca para asegurarme de que no se pierden nada de la clase; a los apáticos, quiero tenerlos cerca para asegurarme de que siguen el curso. Los primeros pueden callarse una pregunta importante por no llamar la atención y el resultado es que desaprovechan el curso. Los segundo suelen tener un patrón curioso: no prestan atención, hacen ruido, molestan y cuando les pica la curiosidad por algo que oyen de pasada son los más agresivos en exigirte que les expliques de nuevo todo lo que no han entendido. Pero como te digo, esta es mi forma de pensar. Insisto en que es una cuestión de política del centro y entiendo que este punto es opinable.

Cuarto, pide a todo el mundo que escriba su nombre en un papel o cartulina dobladas y que lo debe delante de su puesto, mirando al formador. Personalmente doy conferencias, cursos y seminarios de continuo y entro en contacto con muchas personas cada mes. Es muy difícil acordarme del nombre de todo el mundo, pero comprendo que la atención personalizada es importante; llegar a clase cada mañana y responder por su nombre a cada persona que te pregunta es un detalle que agradecen y, si el curso se prolonga lo suficiente, esta práctica me ayuda a aprender los nombres a base de repetición sin tener que decir una y otra vez "¿me repites tu nombre?".

En algunos cursos oficiales, como los de Microsoft, estas tarjetas están pre-impresas y dan un toque de seriedad y elegancia muy importante. No tienes que tirar mucho dinero en imprenta si no quieres; compra paquetes de papel de 120 gramos o superior e imprime las tarjetas a partir de una plantilla de Word o un PDF. Podría ser suficiente cortar las hojas de A4 por la mitad y doblarlas, pero lo de la plantilla es porque puedes darle bastante personalidad con un par de elementos gráficos: un recuadro para centrar el contenido y el signo gráfico de la empresa en una esquina. Insisto una y otra vez: todo son pequeños detalles que, aislados, no parecen importantes, pero en el conjunto pesan mucho.

Quinto, pregunta a todos los asistentes qué es lo que esperan haber obtenido al final del curso. Uno por uno, no tengas prisa y dales a cada uno de ellos tiempo para contarte cómo han llegado ahí: qué formación tienen, a qué se dedican, qué quieren aprender, cómo se aplica eso en su trabajo, si lo necesitan con urgencia o sólo es inquietud por seguir formándose, etc. Toda esta información te ayuda a entender su motivación, el objetivo por el que están ahí.

Cuando hayas terminado de preguntar a todo el mundo, tendrás un mapa de inquietudes; sabrás cuántos están interesados por la primera mitad del curso, pero no por la segunda, a cuántos les preocupan las prácticas y cuántos quieren obtener una acreditación profesional. Estas motivaciones determinan su grado de interés, su atención y participación en la clase. Toma notas si es necesario al terminar de clase de una forma discreta y pídeles a todos que escriban en la primera página de su cuaderno de apuntes su nombre, la fecha, el título del curso y el objetivo que se han propuesto.

Este punto también puede servir para detectar malentendidos. Siguiendo el ejemplo anterior de este capítulo, si tu has organizado un curso de procesamiento RAW y alguien te dice que su objetivo es sacar mejores fotos de boda, aclárale que ese no es el objetivo del curso. Las fotos de boda se verán beneficiadas de una mayor claridad o nitidez, pero como cualquier otra; el curso no trata específicamente el desarrollo de los reportajes sociales, sino que se centra en un mecanismo muy concreto de almacenamiento de la información que capta el sensor de imagen. Orienta al alumno para que su objetivo esté alineado con el del curso, acotando sus ambiciones.

¿Y qué pasa si un alumno necesita urgentemente aprender algo que no estaba en el temario o hay un grupito que esperaba ver algo, aunque no estuviera claro en la convocatoria original? Hay muchas opciones para gestionar esta situación, aunque lo importante es que no te apartes demasiado del temario original. Puede que haya uno, dos o cinco personas que quieren ver algo concreto, pero TODOS quieren ver lo que han contratado. Así que no te apartes demasiado del plan original. Puedes proponer explicaciones o prácticas adicionales si el curso se desarrolla con agilidad y queda tiempo al final. Pregunta algo como: "¿Si quedase tiempo al final del curso, por ejemplo una o dos horas, a qué temas os gustaría que le dedicásemos un poco más de atención, aunque no estén en el temario inicial? El efecto es maravilloso; acabas de demostrar que te importan ellos en concreto, que no es un curso más de trámite y que se hacen esfuerzos para responder a sus necesidades. Tienen motivación para ir ágiles y agradecerán cualquier atención que les des. A menos que el curso sea un seminario de una sola jornada, deberías tener tiempo para preparar ese punto adicional y la recompensa será considerable.

Otra posibilidad es facilitar recursos adicionales. Algo como: "no tenemos tiempo para ver ese punto, ya que no estaba en el temario original y primero tenemos que ver otras cosas, pero lo que sí puedo hacer es facilitaros algunos documentos y enlaces disponibles en Internet que pueden guiaros en estos temas". Cuidado, no des material pirata ni prometas lo que no puedes cumplir. Una vez que te comprometas, será una obligación.

Sexto, y ya estamos terminando, repasa el temario. Ve punto por punto, pero no expliques qué se va a ver como una lista de conceptos y términos. Es mucho mejor que hagas un breve resumen de cada apartado y expliques su utilidad. Es como hacerse una pregunta continua: ¿Por qué vamos a perder el tiempo en ver este contenido? ¿Qué utilidad tiene para mi vida personal o profesional?

Fíjate en que te he recomendado que PRIMERO les preguntes qué es lo que esperan y LUEGO les presentes el temario. Podría parecer que lo lógico es al revés, pero no es así. En el capítulo 2, Cómo Definir el Temario, vimos que formar es resolver un problema, una inquietud. Por mucho que te hayas esforzado en adaptar el contenido del curso a las necesidades de tu cliente, siempre puede haber una aspiración personal en los asistentes de un curso de empresa, de la misma forma que siempre habrá una casuística importante en los cursos abiertos.

Si has escuchado primero sus inquietudes, ahora sabes qué es lo que les importa, a qué puntos del temario hay que prestar más atención o cuales necesitan un pequeño ajuste en el desarrollo de las clases. Hacerlo de la otra manera implica recular y desdecirte en este momento; si antes dijiste que se dedicaría una explicación rápida a los espacios de color y un 80% de los asistentes te dicen que les parece importantísimo, ahora tendrás que poner la mejor cara para enmendar lo anterior y decir que claro, que "habías querido decir" que los espacios de color son una parte crucial del temario. Estas enmiendas suenan fatal y perjudican tu imagen frente al alumnado.

En resumen

El arranque del curso no es un trámite incómodo que haya que quitarse de encima rápidamente; es una oportunidad excelente para causar una buena impresión en los alumnos, así como detectar y corregir pequeños errores de la contratación que puedan llevar a confusión sobre los objetivos de la actividad que vas a iniciar. En general, te recomiendo que sigas estas directrices:

* Cuando la inscripción esté formalizada, manda a cada asistente una carta de convocatoria para el inicio del curso indicando la fecha de inicio, dirección de las instalaciones donde se dará e instrucciones para encontrarlas.

* En la misma carta, confirma brevemente el temario del curso al que se han inscrito, incluyendo el título, objetivo, audiencia recomendada y el índice de contenidos.

* Si hubiera que llevar algo el primer día, como material o documentación, aprovecha para recordarlo en la convocatoria.

* No olvides incluir el contacto de las dos o tres personas más importantes: coordinador de la actividad, formador y personal de secretaría o recepción.

* El día que empiece el curso, pon un cartel bien visible en la entrada del centro indicando en qué aula se va a impartir, como hacen en los hoteles y centros de convenciones.

* De forma opcional, imprime un plano del centro en el que esté marcada la situación de la entrada principal, los accesos y salidas de emergencia, las aulas, los servicios y las zonas de ocio, si las hay.

* Divide la presentación en dos fases: una dirigida por el coordinador del curso para los aspectos administrativos y otra por el formador para los pedagógicos.

* En la primera fase da la bienvenida, preséntate y pasa el testigo al formador, explicando muy brevemente algunos de los méritos que le cualifican como la persona ideal para dar el curso.

* Si hay dudas administrativas pendientes, éste es un buen momento para resolverlas.

* La introducción del formador cierra la apertura del curso y lanza su ejecución; es una transición entre ambos momentos. Preséntate y asegúrate, pasando lista, que están todas las personas inscritas. Si hay que entregar material didáctico o de papelería, aprovecha y entrégalo en ese momento.

* Si lo crees conveniente, reúne a todos los asistentes en las primeras filas.

* Pide a todos los asistentes que escriban el nombre o apodo por el que quieren que se les llame durante el curso en una tarjeta y que la coloquen en su mesa, mirando al formador. Esta sencilla práctica facilita el trato con los alumnos y darles una atención más personalizada.

* Muy importante: pregunta a TODO EL MUNDO qué es lo que espera del curso, qué problema tiene o qué necesidad debe cubrir al terminarlo. Cuando hayas reunido las respuestas de todos los asistentes, tendrás una imagen global de sus necesidades muy útil para hacer pequeños ajustes en el desarrollo del curso, proponer actividades alternativas o facilitar material suplementario.

* Repasa el temario explicando por qué es interesante dedicar tiempo a cada uno de sus apartados. No enumeres los conceptos que se van a ver, sino los beneficios que se van a aprender.

Hemos terminado todas las tareas de preparación. En este punto se ha hecho todo lo posible para que las cosas salgan bien. Ahora hay que dar el curso y cerrarlo. Impartir clase no es el tema de este libro y le dedicaremos otro en el futuro, pero el cierre si forma parte de la organización y es el punto que veremos en el siguiente y último capítulo.

Capítulo 8

Evaluación y cierre

Un buen cierre sirve para rematar cualquier curso procurando que los asistentes queden satisfechos y generar nuevas oportunidades de negocio.

Recuerda algo que repito a menudo: la primera vez que haces un cliente tuviste suerte; pasaba por ahí y vio tu anuncio o tu teléfono. Cuando de verdad has hecho una venta es cuando tu cliente vuelve a pedirte un segundo curso.

Si en el capítulo anterior te contaba lo mucho que me sorprende la premura con que se abren los cursos, imagínate lo que me alucina la dejadez con que se cierran. Lo más normal es que el cierre sea un trámite administrativo, un momento en el que se hace hueco para entregar los certificados de asistencia, recoger las evaluaciones y despedirse con una sonrisa. Y si puede ser en menos de diez minutos, mucho mejor.

Este enfoque es el clásico y omnipresente en todos los centros que he conocido, casi sin excepción, cuando podría ser otra oportunidad de dejar una gran impresión en el cliente y aprender de la experiencia.

Sin control no hay excelencia

Para mí el gran problema de los cierres es la forma en que se hacen las evaluaciones; en vez de ser una herramienta de aprendizaje, son un arma arrojadiza. A veces es el medio con el que algunos alumnos resuelven pequeñas venganzas personales y a menudo no sirven para nada.

Empecemos por el hecho de que la evaluación sólo se suele plantear en un sentido: del alumno al centro. Yo comprendo que el cliente paga y que se tiene que evaluar el servicio dado, pero ¿cómo es posible valorar algo a lo que no se ha prestado atención? Vamos a cambiar de escenario a ver si nos entendemos mejor.

Imagina que vamos a cenar a un restaurante. Traen la carta, pero no la miramos y cuando llega el camarero para tomar nota le encargamos dos o tres cosas que nos gustan, sin haber comprobado si estaban en la carta. Podría ser el caso de ir a una pizzería y pedir rollitos de primavera y pollo al limón. El camarero señala que no tienen ese tipo de comida y nos recita de palabra los platos recomendados, lo que hace que tardemos casi diez minutos en terminar el proceso.

Llega la comida, pero no la comemos, sino que sacamos dos tarteras en las que, como "sabíamos" que por ahí no suelen tener buenos rollitos de primavera, traemos los nuestros ya preparados. Al cabo de 30 minutos, devolvemos los platos sin tocarlos y pedimos la cuenta. Para rematar la escena, al ver el precio de las raciones no consumidas pedimos una hoja de reclamaciones por el elevado precio de la comida. Esperpéntico, ¿verdad?

Pues esta es la situación de algunos alumnos, que llegan al centro sin haber mirado el temario, que se pasan la clase chateando con los amigos por WhatsApp y compartiendo vídeos por Facebook, que cuando se les pregunta algo te responden de forma desafiante y que al llegar la evaluación se quejan del trato del formador, de que no han aprendido nada de lo que esperaban, que el curso está muy mal organizado y que es muy caro.

En realidad el problema no está en la actitud del alumno sino en la política del centro. ¿Qué tipo de alumnos quieres? Mejor dicho, ¿Qué servicio quieres vender, el alquiler de mesas de estudio o el servicio de enseñanza? La tendencia de los últimos años en la formación para adultos, especialmente en la pública, ha sido la de alquilar espacio para que los alumnos estén entretenidos. Los temarios se recitan sin exigir ningún aprovechamiento y lo único que se evalúa en las encuestas finales es que los asistentes no hayan sufrido molestias y que el color de las paredes sea de su gusto. Puede que protestes, pero recuerda que no damos "diplomas" ni "certificados de aprovechamiento", sino "certificados de asistencia". Increíble. La calidad de la enseñanza que se imparte es tan alta que lo único que se atreven a decir los centros de formación es que el alumno ha estado sentado en su mesa durante toda la duración del curso; y a veces ni eso, ya que muchos centros admiten una cuota bastante elevada de ausencias y en algunos ni siquiera se exige la presencia física para dar por válida la asistencia. Cada vez que me han dicho que el alumno puede firmar el registro de asistencia a lo largo de toda la jornada, ya he sabido que el centro no tenía ningún interés en el resultado. Puede parecerte exagerado, pero recuerda que "toda la jornada" puede ser llegar al curso, firmar y largarse a los diez minutos, o entrar un poco antes de finalizar, firmar y marcharse. Verídico. Lo he visto varias y veces y puede que tú también conozcas casos semejantes.

Durante los últimos 10 años la acreditación Cisco Certified Networking Associate (CCNA) ha estado siempre entre los primeros puestos de las más demandadas del mundo tecnológico. No importa si tienes estudios de grado superior; en lo que respecta a redes informáticas, esa certificación a secas tiene más valor que todos los títulos que puedan darte academias, universidades de verano o cursos de fomento del empleo. El sueldo medio de un técnico de redes en Estados Unidos es de 55.000 dólares anuales y si tienes la certificación CCNA, tus expectativas pueden llegar a 74.000 (Fuente: simplyhired.com). ¿Sabes por qué? No creerás que es porque examinarse es caro ($295) o porque Cisco tiene mucho poder. La razón es mucho más simple:

Primero, temario universal; todo el mundo sabe qué es lo que significan las siglas CCNA. Si consultas el sitio web de Cisco (http://bit.ly/1ez04QH) puedes consultar abiertamente todos los requisitos, el programa de estudios y la posición que ocupa esta certificación en el conjunto de sus acreditaciones profesionales. Y esto es así para todo el mundo, en Francia, España, Canadá o Chile. No depende de cada centro de estudios, sino que hay una referencia universal para que tanto trabajadores como empleadores sepan qué esperar de alguien que ostenta este título.

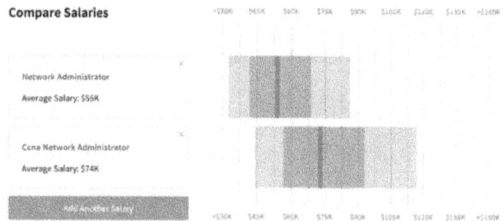

Segundo, exigencia elevada. Aprobar el CCNA es de todo menos fácil. No se trata sólo de que sea un temario bastante largo (los manuales de estudio suelen tener unas 1.300 páginas de letra apretada) sino que la nota de paso para aprobar es muy alta, en torno al 85% de aciertos. Pasar este examen requiere tantas horas de estudio y tiene tantos requisitos que podría sustituir una asignatura universitaria y de hecho lo hace en algunos sitios.

¿Crees que alguien tiene miedo de suspender a un alumno que no ha pasado ese 85%? En absoluto. La exigencia es, precisamente, uno de los elementos más importantes que sostienen el prestigio de este tipo de exámenes.

Vamos a comparar ahora la situación anterior con lo que pasa en la mayoría de los centros de estudio:

* ¿Temario? Varía en cada sitio, dependiendo a veces de las peticiones de los alumnos.

* ¿Controles? Ninguno, de hecho en muchos cursos de empresa y todos los organizados por sindicatos que yo he visto está prohibido hacer cualquier tipo de evaluación.

* ¿Exigencia? Casi ninguna. Como no se pueden hacer controles, no se sabe qué es lo que los asistentes aprenden o pasan por alto. Ni siquiera se exige asistencia presencial en muchos casos.

Ahora compara el valor en el mercado laboral de la certificación CCNA y del curso "Interconexión de Redes Privadas y Redes Públicas" que imparte la Comunidad de Madrid en 2015. Busca en cualquier portal de empleo "ccna" y dime cuántos resultados salen. Ahora busca "certificado de profesionalidad redes" y dime la diferencia. Si pones "certificado de profesionalidad" a secas, date cuenta que también salen los de cocina, construcción, electricidad, etc.

Te he dicho varias veces a lo largo de estas páginas que puedo comprender las razones de mercado para tomar algunas decisiones; la oferta de horas de formación que lanzan la administración y las organizaciones sindicales es muy elevada y se reparte entre decenas o cientos de subcontratas privadas, que las imparten sin más requisito que reunir las hojas de asistencia que firman los alumnos cada día. Los controles son mínimos y si alguien falta un día, puede firmar en el hueco al día siguiente. El coste es escaso, el margen enorme y la exigencia casi nula. ¿Cómo resistirse?

La razón debes buscarla en tu propia orientación de negocio; así es como empezamos el libro hace ciento y pico páginas y como lo vamos a terminar. ¿Cómo quieres competir, en precio o en calidad? Si no haces encuestas, si no exiges aprovechamiento, si te atrae (a ti o a quien ha montado la empresa) el amplio margen que confiere la formación de "volumen", ten en cuenta que cuando alguien haga una oferta más baja que la tuya sólo te quedará el recurso de recortar aún más los costes. No se trata de que ganes menos, se trata de que te pueden echar por completo de la arena de juego.

Puede que el prestigio te parezca un objetivo demasiado lejano y etéreo como para dedicarle tiempo y esfuerzos en este momento. Vale, voy a darte un argumento más en favor de la calidad: mira en tu propia localidad y estudia las empresas de formación que han funcionado en los últimos 20 años. Seguro que ninguna de las que se dedican a la formación de "volumen" ha durado más de cinco años y casi con certeza que ninguna de las que estén ahora en activo puede rivalizar con las que se dedican al mercado de "calidad".

No voy a ser tan ingenuo de pensar que el único factor de éxito es la calidad y tratar de convencerte de ello. La habilidad de mantener buenas relaciones con los clientes también es importante; pero esa habilidad no soporta por si misma una relación a largo plazo. Tarde o temprano las personas cambian de puesto, dejan las empresas o tienen que hacer frente a demasiadas quejas si se relajan por completo los criterios de servicio al cliente. Un "enchufe" abre puertas, pero no las mantiene abiertas. Sigo defendiendo la calidad como la mejor herramienta de supervivencia empresarial a largo plazo.

Sin controles, no hay exigencia; sin exigencia, no hay calidad; sin calidad, no hay prestigio. El prestigio se gana con hechos y ese prestigio basado en resultados es lo que hace que los alumnos y clientes te recomienden a otros alumnos y clientes.

Pierde el miedo a las evaluaciones en ambos sentidos, porque creo que son un recurso más a tu favor. Admite las críticas de los alumnos, ahora veremos cómo, pero introduce también un cierto grado de exigencia en el trabajo que realizas.

Cerrar no es sólo rellenar encuestas

La elección de exigir un rendimiento a los alumnos para entregar el certificado de aprovechamiento o algún otro tipo de reconocimiento es una opción de negocio que debe tomarse desde la dirección de la empresa. Si tienes la posibilidad de opinar, porque pertenezcas a la dirección de la misma o porque sea tuya, considera seriamente las razones que te he dado en el punto anterior. Pero con independencia de eso, es innegable que hay que escuchar al alumno y prestar atención a lo que tiene que decir.

Scrum es una metodología de dirección de proyectos ágiles que ha adquirido una enorme popularidad desde principios del siglo actual. Está basada en la idea de que los proyectos se pueden dividir en ciclos de trabajo cortos, incluso los grandes proyectos de ingeniería, al final de los cuales se entregan resultados parciales plenamente funcionales. Es decir, que si te hicieran el prototipo de un coche el enfoque no es construirlo por completo antes de enseñar resultados, sino dividir el coche en unidades funcionales que puedan construirse en periodos de 2 a 4 semanas e ir entregándolas y demostrándolas una por una. Al final, se supone que los últimos periodos se dedican al ensamblaje total del vehículo. Puede sonarte extraño, pero es una forma de trabajar que en entornos como el desarrollo de software, en el que hay mucha incertidumbre sobre el desarrollo de la tecnología, sirve para avanzar sin quedarse atascado en las fases de diseño y planificación.

Scrum tiene muchas cosas interesantes; entre ellas la forma en que cierra esos periodos parciales de trabajo, llamados Sprints (carreras). Al principio de cada Sprint se pacta con el representante del cliente qué elementos del proyecto son los que se van a desarrollar, algo así como una toma de requisitos. Durante el ciclo de trabajo el cliente no vuelve a intervenir y los técnicos trabajan en las unidades asignadas. Al terminar el periodo se hacen tres cosas:

* La "demo", una reunión en la que se repasan los entregables pactados al principio y se comprueba su funcionamiento y adecuación a los requisitos del cliente.

* La entrega, que es el acto físico de entrega de los resultados.

* La retrospectiva, que es una reunión del personal técnico en la que se evalúa el trabajo realizado, se comentan los problemas,

aciertos y traspiés, de forma que queda un registro de las lecciones aprendidas.

Scrum es un poco más complicado, pero para los objetivos de este libro es suficiente con que conozcas estas ideas generales. Si te ha interesado el tema, te aconsejo que leas Scrum for Dummies (ISBN: 978-1118905753, http://amzn.to/1K18evo) o alguno de los títulos sobre dirección de proyectos ágiles que tenemos en esta misma editorial.

Compara las ideas que podemos coger de Scrum con la forma en que se hacen las encuestas en los cursos de formación. En los cursos solemos finalizar las explicaciones 15 minutos antes del terminar el último día, repartimos unos formularios de evaluación en los que a veces no se deja estar al formador presente, se rellenan de forma anónima y se entregan de forma apresurada, al tiempo que se entrega el certificado de asistencia y se despide a todo el mundo.

¿Qué seriedad se puede esperar de este proceso? ¿Para qué pides evaluaciones anónimas? Piénsalo detenidamente. Si el alumno tiene una queja de verdad, lo suyo es que te lo diga directamente para ver cómo se puede resolver. De hecho, si esa queja es tan importante, seguro que no se debe a algo ocurrido veinte minutos antes de terminar el curso, sino que será algo acumulado a lo largo de todas las jornadas, como un material deficiente, problemas en el aula o fallos en la preparación del formador. Lo que sea, pero seguro que no es una sorpresa. Si la intención es resolverlo, lo suyo es decirlo lo antes posible.

No se resuelve nada cuando el alumno se ha ido por la puerta, sino cuando le quedan 3, 5 o 15 días para hacerlo. Por tanto, es importante que en el proceso de apertura del curso (recuerdas el capítulo anterior) dejes bien claro que pueden dirigirse al formador o a ti, al coordinador, para exponer aquellos problemas que surjan a lo largo del curso.

Queda claro que si el último día te llega una queja importante es que no se ha hecho bien el trabajo durante el curso. Plantéate el cierre como lo hacen en Scrum.

La demostración

Cuando abrimos el curso, hicimos una promesa: "en los próximos días, vamos a ver éste temario, estos puntos". Ahora llega el momento de comprobar que se ha hecho así. Lo aconsejable es que vayamos punto por punto y obtengamos el asentimiento del alumno, que nos confirme que lo ha visto y se ha enterado.

La demo no es un salto al vacío; nadie organiza reuniones con el cliente para quedar mal, sino que deben ser la culminación de un largo proceso de trabajo. Por tanto, el objetivo de la demostración es ratificar que has hecho bien las cosas, repasando el temario propuesto al principio, y tomar nota de lo que se te haya podido escapar.

Si algo no se ha podido ver, si una práctica no se pudo realizar por completo, éste es un buen momento para tomar nota de ello.

La entrega

El objetivo del curso era adquirir unos conocimientos o técnicas que tenían alguna utilidad para los asistentes. La entrega es el momento en que dejas alguna evidencia del cumplimiento de ese compromiso; por ejemplo, mediante los certificados de asistencia. Claro, fíjate cómo cambia todo si en lugar de certificados de asistencia, los entregas de aprovechamiento. Ahora sí que tienen sentido las cosas. Entregar un certificado de "has estado aquí sentado" le deja a uno un poco con la sensación de "hemos cumplido", pero entregar un certificado de "has pasado las pruebas" proporciona una enorme satisfacción a todo el mundo. Créeme si te digo que en todos estos años no he visto a nadie sonreír porque le digan que ha llegado todos los días a clase, pero sí he visto muchas caras radiantes por haber superado un plan de estudios. El esfuerzo tiene muchas recompensas, entre ellas la satisfacción personal.

La retrospectiva

Aquí es donde puede venir muy bien una encuesta. Si tu formulario formula las preguntas adecuadas, puede ser una herramienta de aprendizaje y mejora continua de gran importancia. Mis evaluaciones suelen ser muy simples; mucho más de lo que puedas pensar. Yo suelo hacer tres preguntas:

- Di tres cosas que te hayan parecido positivas en la realización del curso.

- Di tres cosas que se podrían mejorar.

- Di tres cosas que no hemos hecho, pero que te habría gustado ver.

Compara esta encuesta con las que se suelen hacer. Para empezar lo que yo pregunto es siempre constructivo y dejo poca cabida para los juicios de valor. No le pregunto al alumno qué tal le he caído, sino si lo que se ha hecho ha sido útil para su aprendizaje.

En segundo lugar dejo cabida a que me digan que algo no ha salido bien, que se podía haber hecho de otra forma. Me parece mucho mejor este formato que el de numeraciones, ya que un "2 sobre 5" no me dice qué es lo que ha salido mal. Sólo me dice que "algo" ha salido mal, pero no sé el qué.

Por último, por muchos años que llevemos haciendo esto seguro que siempre hay algo nuevo que podemos meter, pequeñas mejoras. Aunque sólo sea por el hecho de que las nuevas tecnologías y productos que van apareciendo tienen funciones que quizás requieran un nuevo diseño de los ejercicios, ya merece la pena tener una actitud abierta a las sugerencias. ¿En qué te puede perjudicar?

Comprendo que las evaluaciones numéricas tradicionales son útiles, fáciles de mecanizar y cuantificar. No te digo que las elimines, sino que limites su alcance y que las complementes con otros apartados que permitan una mayor expresividad al alumno. Algunas personas se desesperan si les preguntas 28 veces seguidas variaciones de la pregunta "Puntúa del uno al cinco qué te ha parecido tal cosa".

Puntuar algunos aspectos de la organización y ejecución es importante. Se atribuye a William Thomson, Lord Kelvin, la siguiente frase: "Lo que no se define no se puede medir. Lo que no se mide, no se puede mejorar. Lo que no se mejora, se degrada siempre".

Si quieres medir algo tienes que definirlo con precisión. No puedes preguntar "¿Qué te ha parecido el aula?" porque no hay métricas válidas para establecer un criterio de valoración. Sé que no voy a eliminar la práctica de poner encuestas interminables en las que se pide al alumno que dé valoraciones numéricas a preguntas subjetivas, pero me basta con que estos párrafos te hayan hecho reflexionar sobre lo absurdo de medir lo mucho o poco que te gusta algo.

Una forma de resolver este bloqueo es acompañar cada pregunta de una escala definida. Si le preguntamos a un alumno "Puntúa del uno al cinco el proceso de inscripción" las respuestas no significan nada, porque el 4 de un alumno puede referirse a algo muy distinto a lo que un 4 significa para el resto de los asistentes. Pero ¿qué pasa si sugerimos una graduación? Por ejemplo:

* Puntúa del uno al cinco el proceso de inscripción, de acuerdo a esta escala:

1. Tuve problemas para ser atendido o hacer el pago.

2. Tuve problemas para recibir la confirmación.

3. Pude hacer la inscripción sin problemas por mis propios medios.

4. El centro me facilitó el proceso de inscripción.

5. Fui atendido con rapidez a mis dudas y recibí asesoramiento en el proceso de inscripción.

¡Ah! La cosa ha cambiado. Ahora un cuatro significa lo mismo para todo el mundo y la acumulación de encuestas a lo largo del tiempo permite hacer un análisis histórico y estadístico de cómo avanza el centro a lo largo del tiempo. Es posible identificar tendencias significativas, asociadas por ejemplo a la introducción de una nueva práctica.

No puedo darte una plantilla absoluta de cómo hacer una encuesta, porque cada centro tendrá que evaluar aspectos característicos del tipo de formación que imparte, pero creo que las ideas que acabo de darte pueden hacer que mires tus encuestas con ojos distintos.

Lo mejor de todo viene al final y tiene mucho que ver con esa reunión de retrospectiva que se hace en Scrum: cuando se hayan ido los alumnos, siéntate con el formador y trata de sacar algo en claro de los resultados y observaciones de los alumnos. Intenta que salga algo constructivo, pequeños cambios que puedan mejorar la siguiente convocatoria, y siempre que sea posible busca un momento para dejar constancia por escrito de la reunión en un acta informal. No hace falta que sea un documento de 13 páginas; basta con un correo electrónico serio y organizado a modo de resumen de la reunión. La acumulación de experiencia hará que la empresa entre en un ciclo de mejora continua y ese es el camino de la excelencia empresarial. Aunque no te lo creas, si haces todo lo que te he dicho estarás casi en posición de optar a una certificación de calidad y esa es una enorme baza a tu favor si quieres ampliar las oportunidades comerciales del centro.

En resumen

El cierre no debe ser un trámite para rellenar encuestas y entregar certificados de asistencia, sino una oportunidad para confirmar el buen servicio prestado al cliente y tomar nota de las lecciones aprendidas. Algunos consejos:

* Está bien que pidas al alumno que evalúe el curso, pero no está de mas introducir algún tipo de valoración del rendimiento de los alumnos. Sin exigencia, no hay excelencia.

* En el cierre, empieza por repasar el temario presentado al principio y comprobar que todo lo que se había planeado ha podido realizarse. Si no es así, toma nota y trata de averiguar por qué no ha sido así, para prevenir que se repita el problema en futuras convocatorias.

* El acto de entrega de los certificados o diplomas, lo que sea que corresponda a tu caso, debería ser la culminación de un esfuerzo recompensado con resultados. Convierte ese momento en un acto con significado y no en un mero trámite.

* Las evaluaciones son necesarias, pero no caigas en el error de pedir valoraciones numéricas a preguntas subjetivas. Si no tienes más remedio, reduce el número de preguntas al mínimo imprescindible y crea una escala de referencia para unificar el criterio de los asistentes.

* Incluye un apartado claro en el que el alumno pueda hacer propuestas concretas, más allá de la pregunta genérica de "pon aquí lo que creas que se nos ha olvidado".

* Al terminar, reúnete con el formador o formadores de ese área y comparte reflexiones sobre lo ocurrido, tanto bueno como malo, para acumular lecciones aprendidas.

Epílogo

Todos los marcos de gestión de proyectos, calidad o madurez corporativa que conozco recalcan mucho la importancia de la mejora continua. Me da lo mismo que hablemos del Círculo de Deming o de la evaluación del modelo CMMI; siempre hay un apartado importante dedicado a aprender de la experiencia.

Lo que te he contado en estas ciento y pico páginas no es un método, no es una serie de procesos fijos que debas repetir para alcanzar el éxito, sino un conjunto de buenas prácticas que pueden ayudarte, desde mi experiencia, a mejorar el resultado de las acciones de formación que organices.

Hay muchos aspectos que han quedado fuera del libro. No hemos hablado de la forma en que hay que impartir las clases, ni hemos visto técnicas para aprovechar los medios electrónicos de apoyo a la enseñanza, como foros, bitácoras o proyectores multimedia. Todos estos y muchos más temas es posible que vayan formando parte de la colección de libros iniciada con este título; algunos ya están en fase de redacción.

Lo que sí tengo claro es que lo que acabas de leer tiene que mantenerse en evolución constante. Mandar una convocatoria por correo electrónico a los asistentes de un curso es una buena práctica y he tratado de incluir en la plantilla que te he dado aquellos puntos que me parecen más importantes. Pero esa plantilla se ha ido elaborando a lo largo de los años, con la experiencia, y estoy seguro que a los pocos días de que estas páginas salgan de la imprenta tendré una conversación con alguien en la que me daré cuenta de que sería buena idea añadir o quitar algo.

Por ese motivo quiero animarte a que cojas todas las ideas y sugerencias que te he hecho y las pongas en práctica con un espíritu crítico y positivo. Haz tu propia versión de esa convocatoria, de la hoja de normas para usar las instalaciones o del proceso de selección de formadores. Mira qué es lo que te funciona y haz correcciones quedándote con aquello que te ayude a obtener mejores resultados. Y luego mándame un par de líneas y hazme alguna crítica, proponme un cambio o explícame por qué estás en acuerdo o desacuerdo con cualquiera de las propuestas que te acabo de hacer. Será un placer mantener un diálogo contigo por correo electrónico o personalmente en alguna de las conferencias que imparto sobre estos temas, e incluso incluir tus sugerencias en la próxima edición del libro. Te recuerdo que mi dirección es contacto@rafael-morales.com.

Un aspecto controvertido es el uso de las nuevas tecnologías en el aula. Acuérdate, cuando veíamos cómo preparar el aula, de lo poco que me gustan las pizarras electrónicas. Cuando yo empecé a dar clase Internet era casi un experimento académico, mientras que hoy es el medio de comunicación de mayor difusión en la historia de la humanidad. No puede entenderse la formación, en realidad casi ninguna actividad, sin incluir referencias a su utilización. Por tanto, un libro escrito a principios de los 90 habrá perdido su vigencia en muchos aspectos y deberá renovarse. Lo mismo puede decirse de éste, ya que ahora mismo somos incapaces de predecir qué rumbo tomarán los libros electrónicos en el próximo lustro y cuál será su impacto en la formación.

El problema es que dudo mucho que estas novedades supongan una mejora en las técnicas educativas. En Estados Unidos se han inundado las clases del programa K-12 con computadoras, aunque no está claro que la tremenda inversión realizada se haya traducido en un mejor rendimiento académico. En California, el sistema educativo suspendió en Agosto de 2014 el contrato con Apple para proporcionar iPads a todos los estudiantes, por sospechas de corrupción en su adjudicación. En Gran Bretaña, casi mi segundo hogar, el secretario general de la mayor asociación de directores de escuela, Russel Hobby, afirmó recientemente que debía dejarse de desperdiciar dinero en iPads y juguetes "brillantes" y dedicar esa inversión a contratar formadores. Las redes sociales son hoy omnipresentes, pero tienen escasa aplicación práctica en formación para jóvenes o adultos.

Como organizador de cursos profesionales, mi consejo es que no te dejes deslumbrar por toda esta bisutería y recuerdes lo que te comentaba a mitad del libro: quienes enseñan son los formadores, no las máquinas. El objetivo de la formación es transmitir conocimiento y quien escucha, quien comprende, aconseja y guía al alumno es el formador. Yo implanto y escribo cursos para sistemas de enseñanza a distancia y por eso mismo te digo que ningún curso en vídeo sustituye el valor de un tutor.

En la esperanza de que estas páginas te hayan servido de ayuda, recibe un cordial saludo y espero volver a contar con tu confianza en el futuro, quizás en el siguiente libro.

Madrid, Septiembre de 2015.